紹興大典

史部

紹興縣志採訪稿

6

中華書局

書籍一

目錄書籍

會稽三賦三卷

南唐書十八卷音釋一卷

華光梅譜一卷

百菊集譜六卷菊史補遺一卷

蟹譜二卷

天彭牡丹譜一卷

老學菴筆記十卷續筆記二卷

會稽掇英總集二十卷

竹屋痴語一卷

南唐書十八卷音釋一卷

放翁詞一卷

蘭亭考十二卷

蘭亭續考二卷

夏小正戴氏傳四卷

周禮井田譜二十卷

孟子解二卷

韻經五卷

古文四聲韻五卷

埤雅二十卷

燕翼詒謀錄五卷

增節音注資治通鑑一百二十卷

入蜀記六卷

南部新書十卷

陶朱新録一卷

陶山集十四卷

雲溪居士集三十卷

慶湖遺老集九卷

尹和靖年譜一卷

和靖集八卷

梅溪集五十四卷

劍南詩稿八十五卷

渭南文集五十卷逸稾二卷

放翁詩選前集十卷後集八卷附别集一卷

冷然齋集八卷

會稽志二十卷　明正德刊本

剡錄十卷

會稽三賦三卷　宋刊本　黄蕘圃舊藏

新刊續添是齋百一選方二十本

蘭亭考十二卷　舊抄本　錢竹汀舊藏

百菊集譜六卷補遺一卷　明刊本

傳生行稿

東皐詩集

越絶書書後

魯湘城詩

會稽縣志總論

歷代故事十二卷 宋刊宋印本

太極辨三卷 永樂大典本

史義拾遺二卷 內府藏本

春秋合題著說三卷 永樂大典本

玉笥集十卷

南湖集七卷

東維子集三十卷附錄一卷

鐵崖古樂府十卷樂府補六卷

復古詩集六卷

麗則遺音四卷

輝山存稾一卷

稗傳一卷

戰國策十卷　元至正刋本　陸敕先舊藏

保越錄一卷　浙江吳玉墀家藏本

越絕書十五卷　兵部侍郎紀昀家藏本

不著撰人名氏書中吳地傳稱勾踐徙瑯琊到建武二十八年凡五百六十七年則後漢初人也書末叙外傳記以廋詞隐其姓名其云以去為姓得衣乃成是袁字也厥名有米覆之以庚是康字也禹來東征死葬其疆是會稽人也又云文詞屬定自于邦賢以口為姓承之以天是吳字也楚相屈原與之同名是平字也然則此書為會稽袁康所作同郡吳平所定也王充論衡按書篇曰東番鄒伯奇臨淮袁太伯袁文術會稽吳君高周長生之輩位雖不至公卿誠能知之囊橐文雅之英雄也觀伯奇之元思太伯之易童句（按童疑作章）文術之箴銘君高之越紐録長生之洞歷劉子政揚子雲不能過也所謂吳君高殆即平字

所謂越紐録殆即此書歟楊慎丹鉛録胡侍珍珠船田藝蘅留青日札皆有是説核其文義一一脗合隋唐志皆云子貢作非其實矣其文縱横曼衍與吳越春秋相類而博麗奥衍則過之中如計倪内經軍氣之類多雜術數家言皆漢人專門之學非後來所能依託也此本與吳越春秋皆大德丙午紹興路所刊卷末一跋諸本所無惟申明復仇之義不著姓名詳其詞意或南宋人所題耶鄭明選秕言引文選七命注引越絶書大翼一艘十丈中翼九丈六尺小翼九丈又稱王鏊震澤長語引越絶書風起震方云云謂今本皆無此語疑更有全書惜未之見按崇文總目稱越絶書舊有内記八外傳十七今文題闕舛裁二十篇是此書在北宋之初已佚五篇選注所引蓋佚篇之文王

鑿所稱亦他書所引佚篇之文以爲此本之外更有全書則明遂誤矣别有續越絶書二卷上卷曰内傳本事吳内傳德序記子游内經外傳越絶後語西施鄭旦外傳下卷曰越外傳雜事别傳變越上别傳變越下經内雅琴考序傳後記朱彝尊經義考謂爲錢㪚僞撰詭云得之石匣中㪚與彝尊友善所言當實今未見傳本其僞妄亦不待辨以其續此書而作又即託於撰此書之人恐其幸而或傳久且亂真又恐其或不能傳而好異者耳聞其説且疑此書之真有續篇編故坿訂其僞於此釋來者之惑焉

以上見四庫全書總目提要卷六十六

吳越春秋十卷 兵部侍郎紀昀家藏本

漢趙煜撰

煜山陰人見後漢書儒林傳是書前有舊序稱隋唐經籍志皆云十二卷今存者十卷殆非全書又云楊方撰吳越春秋削繁五卷皇甫遵撰吳越春秋傳十卷此二書今人罕見獨煜書行於世史記注有徐廣所引吳越春秋語而索隱以為今無此語他如文選注引季札見遺金事吳地記載闔閭時夷亭事及水經注嘗載越事數條類皆援據吳越春秋今煜本咸無其文云云考證頗為詳悉然不著名姓漢魏叢書所載合十卷為六卷而削去此序併注亦不題撰人竊失其初此本為元大德十年丙午所刊後有題識云前有文林郎國子監書庫官徐天祜音注然後知注中稱徐天

祐曰者即注者之自名非援引他書之語惟其後又列紹興路儒學學録留堅學正陳曷伯教授梁相正議大夫紹興路總管提調學校官劉克昌四人不知序出誰手耳煜所述雖稍傷曼衍而詞頗豐蔚其中如伍尚占甲子之日時加于巳范蠡占戊寅之日時加日出有螣蛇青龍之語文種占陰畫六陽畫三有元武天空天關天梁天一神光諸神名皆非三代卜筮之法未免多所附會至于處女試劍老人化猿公孫聖三呼三應之類尤近小說家言然自是漢晋閒稗官雜記之体徐天祐以為不類漢文是以馬班史法求之非其倫也天祐注於事跡異同頗有考證其中如季孫使越子期私與吳為市之類雖猶有未及詳辨者而原書失實之處能糾正者為多其旁核衆說不徇本書猶有劉孝標注世說新

語之遺意焉

以上見四庫全書總目提要卷六十六

吴越春秋十卷 元刊本

後漢趙曄撰元徐天祐音註

吴越古稱東南僻遠之邦然當其盛彊往往抗衡上國黄池之會夫差欲尊天子自去其僭號稱子以告令諸侯及越既有吴句踐大盟四國以其輔王室要其志皆歸於尊周其知所天矣孔子作春秋雖小國猶録而書之而况以世言則禹稷之裔以地言則會稽具區其川其浸周職方氏列為九州之首皆足以望天下故記可缺而不傳乎吴越春秋趙曄所著隋唐經籍志皆云十二卷今存者十卷殆非全書二志又云楊方撰吴越春秋削繁五卷皇甫遵撰吴越春秋傳十卷此二書今人罕見獨曄書行於世曄傳在儒林中觀其所作乃不類漢文按邯鄲李氏圖書十志目亦謂楊方嘗刊削曄所為書至皇甫遵遂合

二家考正爲之傳註又按史記註有徐廣所引吳越春秋語而索隱以爲今無此語者他如文選註引季子見遺金事吳地記載闔廬時夷亭事及水經註嘗載越事數條類皆援據吳越春秋今曄本咸無其文亦無所謂傳註豈楊所已刊削而皇甫所未考正者耶曄書最先出東都時去古未甚遠曄又山陰人故綜述視他書所紀二國事爲詳取節焉可也其言上稽天時下測物變明微推遠憭若著蔡至於盛衰成敗之迹則彼己君臣反覆上下其論議種蠡諸大夫之謀迭用則霸子胥之諫一不聽則亡皆鑿鑿然皆可以勸戒萬世豈獨爲是邦二十年故寔哉曄書越舊嘗鋟梓歲久不復存汴梁劉侯來治越興厲學校蒐遺文集修墜典乃輟義田廩羨財重刻于學不鄙謏聞屬以

徐維則自都門輯錄

考訂且命序其左端夫越人宜知越之故則是書也於所缺不
為無補遂不得辭厥既刋正疑訛過不自量復為之音注并考
其典傳記同異者附見于下而互存之惜其間文義猶有滯礙
不可訓知不敢盡用臆見更正定又無皇甫本可證姑從其闕
舊以俟後之君子考焉侯名克昌世大其字云郡人前進士徐
天祐受之序
大德十年歲在丙午三月音註越六月書成刋板十二月畢工
前文林郎國子監書庫官徐天祐音註　紹興路儒學學錄留
堅　紹興路儒學學正陳昺伯　紹興路儒學教授梁相　正
議大夫紹興路總管提調學校官劉克昌

吳越春秋十卷　明覆元本　後漢趙曄撰

紹興縣志採訪稿

按元板每半葉九行行十八字覆本半頁八行行十七字卷末刋版年月銜名與元本同

以上見清歸安陸心源編皕宋樓藏書志卷二十八

徐維則自都門輯錄

越絕書十五卷　明雙柏堂刊本　漢袁康撰

無名氏跋曰越絕復仇之書也子胥夫差以父之仇勾踐以身之仇而皆非其道也夫君天也君有臣而君殺之尚可仇乎故子胥鞭平王之墓為不義闔廬之死夫差使人謂己曰而忘越王之殺而父乎則對曰不敢忘三年乃報越故夫差椒之敗越釋而不誅為不孝會稽之棲苦身焦思嘗胆而食卒以滅吳不知越實得罪於吳而吳之赦己也故其卻公孫雄之請為不仁春秋書子胥之事曰吳入郢狄吳而諱楚也於夫椒之戰則不書蓋不足乎書也於黃池之會書於越入吳狄越而咎吳也春秋之未復仇之事莫大於斯三者越絕實備之有國有家者可以鑒觀焉

越絕書十五卷 明嘉靖刊本 漢袁康撰

隋經籍志越絕紀十六卷崇文總目則十五卷注司馬遷史記者屢引以為據予紹熙壬子遊吳中得許氏本訛舛特甚嘉定壬申令餘杭又得陳正卿本乙亥官中都借秘閣本以三本互相參攷擇其通者從之乃麤可讀然猶未也念前所見者皆謄寫失真不板行則其傳不廣則各私其所藏莫克是正遂刻之夔門以俟來者庚辰七月望日東徐丁黼書

越絕書苦無善本近得丁文伯以蜀中所刊者見示參攷粗為可讀因刊置郡齋以補越中之闕云嘉定甲申八月旦日新安汪綱書

以上見清歸安陸心源編皕宋樓藏書志卷二十八

徐維則自都門輯錄

樊紹述集注二卷　中華民國五年八月樊氏家刻本

跋

吾樊氏之先世居南陽著藉於紹興則自宋南渡時由河中而遷浙焉河中之樊有聲於唐文學最著曰紹述先生實遠祖也按唐書藝文志載先生集為二百九十一卷今傳於世則僅絳守居園池記綿州越王樓詩序二篇而已先大夫敏堂府君篤慕遺文重守先德甄求舊本日置左右且時以詔鎮謂此二文吾家當世守之嗣以藏弆行篋携致蘇州為胠篋者盜去府君時時引以為恨當是時東南兵事初平重欲徵錄久不可得既而府君捐館舍鎮至今追思輒有餘痛然求此二文重刻以餉海內用以述府君之志願則自旅露以來未嘗敢忘甲寅之夏從父濯清先生官江寧以鎮時居於杭來書即以寫刻此二文為告荅聞浙江圖書館有

紹興縣志采訪稿

此本故亟爲謀之不幸是歲從父復棄世其易簀之前一月來書猶以爲言滋可慼也圖書館所藏祇絳守居園池記注雖出本元人而視清杭人孫晴川之騄合二文編注之本詳簡有別孫本流傳頗尟至今夏始介因無錫孫君心如毓修從陳君立賢得以遂錄今先用孫本校印以慰府君與從父未竟之志元人注本後當續刊夫先生之文留遺僅此二篇既賴昔賢出於塵蠹乃吾樊氏之後人今始得繼述先志得與校印之役此可痛嘆若海內明達能出所藏以先生之他文繼此二篇使襮於天下則鎮所至幸也

中華民國五年歲在丙辰秋八月裔孫樊鎮謹跋

序

余幼時讀輟畊録喜樊紹述西園絳守居園池記識其句讀知韓昌黎生蓄萬物放恣横從之語爲不盡所稱趙伯昂箋註與無名氏註解者有两本之數十年竟不獲後見唐詩紀事又得綿州越王樓詩序一篇俱苦無註解可釋其義今年秋得沈裕註本内載趙吳許三家註燦然可觀已然急於自衒多刪易舊文漸失本來余病其句完爲補綴數十條釐爲二卷傳之人間俾幽經秘籙勿致漫滅亦韓子不忍奇寶横弃道側之意也嗚呼元和之際文章之盛極矣其怪奇至於如此韓子稱紹述集若干卷詩文千餘篇今所存纔两兩篇耳以文之多若是其獨出古初無所剽襲又若是而今昔往來人讀者蓋鮮老子曰知希我貴知我希故我貴也揚子雲

著太玄曰後世復有子雲則知我矣夫異代桓譚子雲已灼然俟之身後如欲强蚩蚩拙目共讀樊集恐巴人倡和天下皆是陽春高而莫續妙聲絶而不尋非病其晦澀則以爲無用之文耳誰爲解釋精討錙銖覈量文質乎宋王晟劉忱嘗爲鮮釋今不復有孫沖與何公亮二書論樊所爲文章析究爲文深旨余亦未見趙吳許注原本又不可得此區區前代注解者尚不能與樊文並傳而余以淺識眇聞補輯遺餘欲坿好事之末安必不墜没澌滅也與

仁和孫之騄序

目

力為人之所不能為者歟然我思存矣而人臣臣臣臣臣臣

王 王老由

蓋有理焉立敬惟長公之嘉話遂令考宮也智非愚喜歡音聖乎

竝往觀濤乎廣陵之曲江至則未見濤之形也徒觀水力之所到

則郵然然足以軼者所略辭給固未能也縷形其所由恍有過人

馨香遷流極而覆覆戒明難驟變數百年之祖尚怪之有述其亦

臣臣聞出豫為象鈞天天天天天夫天之之吾不獲躬逢隆盛盛

盛盛盛盛盛盛盛盛盛盛盛盛盛盛盛盛盛盛盛盛盛盛盛盛盛

盛與與周天齊齊齊人與天齊畏天保國國其人如玉有過不及

盛盛盛盛盛盛盛盛盛盛德威畏威威天縷縷形不獲躬躬隆述

樊紹述集注目録

仁和孫之騄晴一字川註輯

裔孫樊 鎮漱圃重梓

薦樊宗師狀

劉統軍墓誌

示兒詩

謁少室李渤題名

嵩山天封宮題名

南陽樊紹述墓誌銘

唐書本傳

晴川敘述

紹興縣志採訪稿

唐英歌詩三卷江蘇巡撫採進本

唐吴融撰

融字子華越州山陰人龍紀元年登進士第昭宗時官翰林學士承旨戸部侍郎知制誥事蹟具新唐書文藝傳融與韓偓同爲翰林學士故偓有與融玉堂同直詩然二人唱酬僅一兩篇未詳其故以立身本末論之偓心在朝廷力圖匡輔以孱弱文士毅然折逆黨之凶鋒其詩所謂報國危曾捋虎鬚者寔非虛語純忠亮節萬萬非融所能及以文章工拙論之則融詩音節諧雅猶有中唐之遺風較偓爲稍勝焉在天祐諸詩人中閻遠不及司空圖沈摯不及羅隱繁富不及皮日休奇闢不及周朴然其餘作者寔罕與雁行唐書本傳稱昭宗反正融於御前跪

作十許詔少選即成意詳語當唐詩紀事又稱李巨川為韓建
草謝表以示融融吟罷立成一篇巨川賞歎不已蓋在當時亦
鉄中錚錚者矣
以上見四庫全書総目提要卷一百五十一

唐四僧詩六卷　編修汪如藻家藏本

唐僧靈澈詩一卷靈一詩二卷清塞詩二卷常達詩一卷案書錄解題載靈澈靈一集皆一卷而清塞與常達失載是集合而輯之不知何人所編靈澈靈一及常達集前各載宋沙門贊寧奉敕所撰本傳一篇惟清塞無之蓋贊寧作高僧傳時偶遺其名也靈澈詩前有劉禹錫序一篇文獻通考亦引之蓋靈澈當時與僧皎然游得見知於侍郎包佶李紓故來往長安其名較著得以求序於名流然禹錫序其詩凡十卷茲僅一卷則亦吉光片羽非其完書矣靈澈姓湯字源澄越州人靈一姓吳廣陵人常達姓顧字文舉海隅人清塞即周朴其人後返初服不應列爲四僧語詳李龔弘秀集條下茲不具論焉

以上見四庫全書總目提要卷一百八十六

雲林石譜三卷 浙江巡撫採進本

宋杜綰撰

綰字季揚號雲林居士山陰人宰相衍之孫也是書彙載石品凡一百一十有六各具出產之地採取之法詳其形狀色澤而第其高下然如端溪之類兼及硯材浮光之類兼及器用之材不但譜假山清玩也前有紹興癸丑闕里孔傳序傳即續白居易六帖者序中稱綰者爲杜甫之裔因引甫詩水落魚龍夜句謂長沙湘鄉之山魚龍化而爲石甫因形容於詩綰作是譜爲能紹其家風考甫此句見於秦州雜詩乃由陝赴蜀之時何由得至楚地且甫之詩意本非咏石殊附會無理末附宣和石譜皆記艮岳諸石有名無說不知誰作又附漁陽公石譜皆載嗜石故事亦不知漁陽公

為誰其中列周公謹元遺山諸名則必非綰書蓋明周履靖刻是
書時所竄入也今惟録綰書以資考證而所附二譜悉削而不載
又毛晉嘗刻是書併為一卷又佚云孔傳之序而文句則無大異
同今亦不别著録焉

以上見四庫全書總目提要卷一百十五

言子三卷永樂大典本

宋王爚編

爚字伯晦會稽人陳振孫書録解題云言子相傳所居在常熟縣慶元間邑宰孫應時始為之祠近王爚復裒諸書為此書梁維樞内閣書目云宋嘉熙間平江守王爚輯子游言行及祠廟事蹟自序以言子生是邑嘉言懿行散在經傳爰輯是書其本末可以考見蓋以言子吳人故為此編而列之以存於祠其書分内篇外篇附録為三卷所採不出論語禮記家語孔叢子諸書無異聞也

以上見四庫全書總目提要卷九十五

吳越備史四卷補遺一卷 浙江汪汝瑮家藏本

舊本題宋武勝軍節度使掌書記范坰巡官林禹撰載錢鏐以下累世事蹟據舊目卷首列年號世系圖諸王子弟官爵封謚表十三州圖十三州考今惟存十三州考一篇其圖表俱佚後附補遺一卷則不載作者名氏考陳振孫書錄解題載錢俶之弟儼著吳越遺事有開寶五年序又謂備史亦儼所作託名林范今是書四卷之末有跋二首一題嘉祐元年四代孫中孚一題紹興二年七代孫休渙如據書中所記而言則當從錢鏐起算不當從錢俶起算所稱四代七代顯據作書者而言則振孫以備史為儼撰似得其實錢曾敏求記云今本為鏐十七世孫德洪（按吳越世家疑辨作十九世孫未詳孰是）嘉靖間刊本序稱補遺為其門人馬

蓋臣所續序次紊亂如衣錦城建金籙醮及迎釋迦等事皆失載今是書於此數事咸備無闕則非德洪重刊之本其以補遺為馬蓋臣所續亦别無證据蓋臣曾撰吴越世家疑辨自序謂曾作備史圖表亦不云又續其書考此補遺之首有序一篇不題名氏年月序中有家王故事之語當即中孚等所題亦云不知作自何人則不出於蓋臣審矣備史所記訖太祖戊辰補遺所記訖太宗丁亥與中興書目所載前十二卷盡開寶元年後增三卷盡雍熙四年者正合特併十二卷為四併三卷為一耳陳振孫謂今書起石晋開運前闕三卷勘驗此本所佚亦同則是書自宋季以來已非完帙今無從校補亦姑仍其舊焉

以上見四庫全書總目提要卷六十六

嘉泰會稽志二十卷寶慶續志八卷 浙江范懋柱家天一閣藏本

會稽志二十卷宋施宿等撰續志八卷宋張淏撰

宿字武子湖州人司諫元之子嘗知餘姚縣遷紹興府通判淏字清源本開封人僑居婺州官至奉議郎其履貫略見金華志而所作續志序乃自稱僑寓是邦則又常卜居會稽矣宋自南渡以後升越州為紹興府其牧守每以宰執重臣領之稱為大藩而圖志未備直龍圖閣沈作賓為守始謀纂輯華文閣待制趙不迹寶文閣學士袁説友等相繼編訂而宿一人實始終其事書成於嘉泰元年陸游為之序其不稱紹興府志而稱會稽志者用長安河南成都相臺諸志例也其後二十五年淏以事物沿革今昔不同因彙次嘉泰辛酉後事作為續編復於前

次志內補其遺逸廣其疏畧正其譌誤為八卷書成於寶慶元年淏自為之序所分門類不用以綱統目之例但各以細目標題前志為目一百十七續志為目五十不漏不支敘次有法如姓氏送迎古第宅古器物求遺書藏書諸條皆他志所弗詳宿獨能蒐採輯比使條理秩然淏所續亦簡核不茍皆地志中之有体要者其刊版歲久不傳明正德庚午郡人王縱復訪求舊本校刻今又散佚故藏書之家罕見著錄蓋亦僅存之本矣

以上見四庫全書總目提要卷六十八

會稽三賦三卷　禮部尚書曹秀先家藏本

宋王十朋撰

十朋字龜齡樂清人紹興二十七年進士第一官至龍圖閣學士謚文忠事蹟具宋史本傳所著有梅溪集此賦三篇又於集外別行一曰會稽風俗賦仿三都賦之体歷叙其地山川物產人物古迹一曰民事堂賦民事堂者紹興中添差簽判廳之公堂也元借寓小能仁寺歲久圮廢十朋始重建於車水坊一曰蓬萊閣賦其閣以元稹詩謫居猶得住蓬萊句得名皆在會稽故統名曰會稽三賦初嵊縣周世則嘗為註會稽風俗賦郡人史鑄病其不詳又為增註併註後二賦末有嘉定丁丑鑄自跋十朋文章典雅足以標舉茲邦之勝鑄以當時之人註當時之

作耳聞目覩言必有徵視後人想像考索者亦特為詳贍且所
引無非宋以前書尤非近時地志杜撰故實牽合名勝者可比
與十朋之賦相輔而行亦劉逵張載分註三都之亞也
以上見四庫全書總目提要卷七十

南唐書十八卷音釋一卷 內府藏本

宋陸游撰

游有入蜀記已著録宋初撰録南唐事者凡六家大抵簡略其後撰南唐書者三家胡恢馬令及游也恢書傳本甚稀王士禎池北偶談記明御史李應昇之叔有之今未之見惟馬令書與游書盛傳而游書尤簡核有法元天歷初金陵戚光爲之音釋而博士程墊塾等校刊之趙世延爲序錢曾讀書敏求記稱舊本遵史漢体首行書某紀某傳卷第幾而注南唐書於下王士禎古夫于亭雜録又稱其門人大名成文昭寄以宋槧本凡十五卷與今刻十八卷編次小異今其本均不可見所行者惟毛晉汲古閣本刻附渭南集後者已改其体例析其卷數矣南唐

元宗於周顯德五年即去帝號稱江南國主胡恢從晉書之例題曰載記不爲無禮理游乃于烈祖元宗後主皆稱本紀且于烈祖論中引蘇頌之言以史記秦莊襄王項羽本紀爲例深斥胡恢之非考劉知幾史通本紀篇嘗謂姬自后稷至于西伯嬴自伯翳至于莊襄爵乃諸侯而名隸本紀又稱項羽僭盜而死未得成君假使羽竊帝名正可抑同羣盜況其名曰西楚號止覇王諸侯而稱本紀循名責寔再三乖謬則司馬遷之失前人已深排之游乃引以藉口謬矣得非以南渡偏安事勢相近有所左袒于其間乎他如后妃諸王傳置之羣臣之後雜藝方士傳列于忠義之前揆以体例亦爲未允讀其書者取其叙述之簡潔可也以上見四庫全書總目提要卷六十六

華光梅譜一卷　浙江鮑士恭家藏本

舊本題宋僧仲仁撰

考鄧椿畫繼曰仲仁會稽人住衡州華光山陶宗儀畫史會要曰華光長老酷好梅花方丈植梅數本每花放時移牀其下吟咏終日偶月夜見窗間疎影橫斜蕭然可愛遂以筆規其狀因此好寫得其三昧黄庭堅詩曰雅聞華光能墨梅更乞一枝洗煩惱此華光畫梅所以傳也然庭堅又嘗題其平沙遠水則不止能畫梅矣此書蓋後人因仲仁之名依託爲之其口訣一則詞旨凡鄙其取象一則附會於太極陰陽奇偶旁涉講學家門徑尤乖畫家蕭散之趣末有補之總論一則華光指迷一則補之即楊無咎字南宋高宗時始以畫梅著曾敏行獨醒雜志載

紹興初有華光寺僧來居清江慧力寺士人楊補之譚逢原與之往來乃得仲仁之傳仲仁在元祐間不應先引其說至華光著書乃又自引華光之書其謬尤不待辨矣

以上見四庫全書總目提要卷一百十四

紹興縣志采訪稿

百菊集譜六卷菊史補遺一卷　浙江鮑士恭家藏本

宋史鑄撰

鑄字顏甫號愚齋山陰人即嘉定丁丑註王十朋會稽三賦者也是書於淳祐壬寅成五卷越四年丙午續得赤城吳融譜乃移原書第五卷為第六卷而摭融譜為第五卷又四年庚戌更為補遺一卷觀其自題作補遺之時已改名為菊史矣而此仍題百菊集譜豈當時刊版已成不能更易耶首列諸菊名品一百三十一種附註者三十二種又一花五名一花四名者二種冠於簡端不入卷帙第一卷為周師厚劉蒙史正志范成大四家所譜第二卷為沈競譜及鑄所撰新譜三卷為種藝故事雜說方術辨疑及古今詩話四卷為文章詩賦五卷即所增吳融

譜及栽植事冟附以張栻賦及杜甫詩語一條六卷為鑄咏菊

及集句詩補遺一卷則雜糅所續得詩文類也書不成於一時

故編次頗無体例然其蒐羅可謂博矣

以上見四庫全書總目提要卷一百十五

蟹譜二卷　浙江鮑士恭家藏本

宋傅肱撰

肱字自翼其自署曰怪山陳振孫謂怪山乃越州之飛來山則會稽人也其書分上下兩篇前有嘉祐四年自序而下篇貪花一條又引神宗時大臣趙姓者出鎮近輔事而諱其名考宋史惟神宗熙寧初樞密使參知政事趙槩嘗出知徐州似即其事則嘉祐當為元祐之譌然書録解題亦載是序為嘉祐四年而趙槩為北宋名臣亦不容著貪墨声或刊本神宗字誤也書中所録皆蟹之故事上篇多採舊文下篇則其所自記詮次頗見雅馴所引唐韻十七條尤足備考證盖其時孫愐原本尚存故肱猶及見之云　以上見四庫全書総目提要卷一百十五

天彭牡丹譜一卷 内府藏本

宋陸游撰

游有入蜀記已著録是編紀蜀天彭花事之盛已載渭南文集第四十二卷此其别行之本也

以上見四庫全書總目提要卷一百十六

老學菴筆記十卷續筆記二卷　江蘇巡撫採進本

宋陸游撰

游有入蜀記已著録案宋史藝文志雜史類中載陸游老學菴筆記一卷陳振孫書録解題作十卷與此本合宋史盖傳刻之誤續筆記二卷陳氏不著於録疑當時偶未見也振孫稱其生識前輩年及耄期則所記見聞殊有可觀文獻通考列之小說家中今檢所記如楊戩為蝦蟇精錢遜落水神救之類近怪異者僅一兩條鮮于廣題逸居集曾純甫對蕭鷓巴之類雜諧戲者亦不過七八事其餘則軼聞舊典往往足備考證惟以其祖陸佃為王安石客所作埤雅多引字說故於字說無貶詞於安石亦無譏語而安石龍睛事併述埤雅之謬誤不免曲筆杜

甫詩有蔚藍天字本言天色故韓駒承用其語有水色天先共蔚藍句游乃稱蔚藍為隱語天名今考蔚藍天名別無所出惟杜田註引度人經然度人經所載三十二天有東方太黃皇曾天其帝曰鬱鑑玉明則是帝名鬱鑑非天名蔚藍游說反誤又稱宋初人尚文選草必稱王孫梅必稱驛使月必稱望舒山水必稱清暉今考驛使寄梅出陸凱詩昭明所錄實無此作亦記憶偶疎不止朱國楨湧幢小品所糾游岱之魂一條不知引駱賓王請中宗封禪文王肯堂鬱岡齋筆麈所糾記諸晁謂埍為借倩之倩一條不知出郭璞方言註也然大致可據者多不以微眚而掩宋史藝文志又載游山陰詩話一卷今其書不傳此編論詩諸條頗足見游之宗旨亦可以補詩話之闕矣見四庫全書總目提要卷一百二十一

會稽掇英總集二十卷浙江鄭大節家藏本

宋孔延之編

前自有序首題其官爲尚書司封郎中知越州軍州事浙東兵馬鈐轄末署熙寧壬子五月一日越州清思堂棠施宿嘉泰會稽志延之於熙寧四年以度支郎官知越州五年十一月名赴闕壬子正當熙寧五年其歲月與會稽志合惟志稱延之爲度支郎官而此作司封郎中集中有沈立等和蓬萊閣詩亦作孔司封集爲延之手訂於官位不應有誤知施宿所記爲譌也延之以會稽山水人物著美前世而紀録賦詠多所散佚因博加搜採旁及碑版石刻自漢迄宋凡得銘志歌詩等八百五篇輯爲二十卷各有類目前十五卷爲詩首曰州宅次西園次賀監

次山水分蘭亭等八子目次寺觀分雲門寺等四子目而以祠宇附之次送別次寄贈次感興次唱和後五卷爲文首曰史辭次頌次碑銘次記次序次雜文書中於作者皆標姓名而獨稱王安石爲史館王相盖作此書時王安石柄政之際故有所避而不敢直書歟所録詩文大都由搜岩剔藪而得之故多出名人集本之外爲世所罕見如大歷浙東唱和五十餘人今録唐詩者或不能舉其姓氏寔賴此以獲傳其於唐宋太守題名壁記皆全録原文以資考證裨益良多其蒐訪之勤可謂有功於文獻矣其書世鮮流傳藏弆家多未著録此本乃明山陰祁氏淡生堂舊鈔在宋人總集之中最爲珍笈其精博在嚴陵諸集上也以上見四庫全書總目提要卷一百八十六

竹屋癡語一卷安徽巡撫採進本

宋高觀國撰

觀國字賓王山陰人陳振孫書錄解題載竹屋詞一卷高觀國撰不詳何人高郵陳造與史達祖二家為之序此本為毛晉所刊末有晉跋僅錄造序中所稱竹屋梅溪語皆不經人道其妙處少游美成不及數語而不載全文然考造江湖長翁集亦不載是序或當時削其稿歟詞自鄱陽姜夔句琢字鍊始歸醇雅而達祖觀國為之羽翼故張炎謂數家格調不凡句法挺異俱能特立清新之意刪削靡曼之詞乃草堂詩餘於白石梅溪則概未寓目竹屋詞亦止選其玉蝴蝶一闋蓋其時方尚甜熟與風尚相左故也觀國與達祖疊相酬唱旂鼓俱足相當惟梅溪

詞中尚有賀新郎一闋註云湖上與高賓王同賦今集中未見

此調殆佚之歟

以上見四庫全書總目提要卷一百九十九

南唐書十八卷音釋一卷　顧千里校本

宋陸游撰

天歷改元余待罪中執法監察御史王主敬謂余曰公向在南臺嘗命郡士戚光纂輯金陵志始訪得南唐書其於文獻遺闕大有所考証裨助王多且為音釋馬周屬博士程勲等就加校訂鋟板與諸史並行之越明年余得告還金陵書適就光來請序按南唐本紀李昪系出憲宗□世閒閼□阨纔有江淮之地僅餘三十年卒不復振而宋滅之雖為褊小觀其文物當時諸國莫與之並其賢才碩輔固不逮蜀得武陵而張延翰劉仁瞻潘佑韓熙載孫忌徐鍇之徒文武才業忠節聲華炳耀一時有不可掩矧其間政化得失興衰治亂之蹟有可為世鑒戒者尤不可泯也竊謂唐末邦□雄盛虎視中原晋漢之君以臣子

事之惟口顧乃獨拳々於江淮小國聘使不絶嘗獻橐駞并華
馬千計高麗亦歲貢方物意者久服唐之恩信尊唐餘風以唐
爲猶未亡也邪宋承五季周統因爲僭偽故其國亡而史録散
佚不新然則馬元康胡恢等迭有所述今復罕見至山陰陸游
著成此書最奇有法傳者亦寡後世有能秉春秋直筆究明綱
目統緒之旨者或有所考而辨之始識其端以俟君子余前忝
史館朝廷嘗議修宋遼口三史而未暇他日太史氏復申前議
口口有取於是書焉集賢大學士奎章閣大學士光祿大夫知
經筵事趙世延序

以上見清歸安陸心源編皕宋樓藏書志卷二十八

徐維則自都門輯録

放翁詞一卷　江蘇巡撫採進本

宋陸游撰

游有入蜀記已著録書録解題載放翁詞一卷毛晋所刊放翁全集内附長短句二卷此本亦晋所刊又併為一卷乃集外别行之本據卷末有晋跋云余家刻放翁全集已載長短句二卷尚逸十二調章次亦錯見因載訂入名家云云則較集本為精密也游生平精力盡於為詩填詞乃其餘力故今所傳者僅及詩集百分之一劉克莊後村詩話謂其時掉書袋要是一病楊愼詞品則謂其纖麗處似淮海雄快處似東坡平心而論游之本意蓋欲驛騎於二家之間故奄有其勝而皆不能造其極要之詩人之言終為近雅與詞人之冶蕩有殊其短其長故具在

是也葉紹翁四朝聞見録載韓侂胄喜游附己至出所愛四夫人號滿頭花者索詞有飛上錦裀紅皺之句今集内不載蓋游老而墮節失身侂胄爲一時清議所譏游亦自知其誤棄其稿而不存南園閲古泉記不編於渭南集中亦此意也而終不能禁當代之傳述是亦可謂炯戒者矣

以上見四庫全書總目提要卷一百九十八

蘭亭考十二卷　浙江鮑士恭家藏本

舊本題宋桑世昌撰

世昌淮海人世居天台陸游之甥也案陳振孫書録解題載蘭亭博議十五卷註曰桑世昌撰葉適水心集亦有蘭亭博議跋曰字書自蘭亭出上下數千載無復論倫擬而定武石刻遂為今世大議論桑君此書信足以垂名矣君事事精習詩尤工其即事云翠添鄰塹竹紅照屋山花蓋著色畫也書録解題又載蘭亭考十二卷註曰即前書浙東庾司所刻視初本頗有删改初十五篇今存十三篇去其集字篇後人集蘭亭字作詩銘之類者又坿見篇蕞及右軍他書迹於樂毅論尤詳其書始成本名博議高内翰文虎炳如為之序及其刊也其子似孫主為删

改去此二篇固當而其他務從省文多失事寔或戾本意其最甚者序文本亦條達可觀亦竄改無完篇首末闕漏文理斷續於其父猶然深可怪也云云是此書經高似孫竄改已非世昌之舊矣今未見博議原本無由驗振孫所論之是非然是書為王羲之蘭亭序作集字為文其事無預於羲之羲之他書其事無預於蘭亭似孫所删深合斷限振孫亦不能不以為當也其中評議不同者如或謂梁亂蘭亭本出外陳天嘉中為智永所得又或謂王氏子孫傳掌至七代孫智永此蘭亭真迹流傳之不同也又如或謂石晉之亂棄石刻於中山宋初縣李學究李死其子摹以售人後負官緡宋祁為定武帥出公帑買之置庫中又或謂有遊士攜此石走四方其人死營妓家伶人取以獻

宋祁又或謂唐太宗以搨本賜方鎮惟定武用玉石刻之世號定武本薛紹彭見公廚有石鎮肉乃别刻石以易之此又定武石刻流傳之不同也推評條下据王羲之生于晉惠帝太安二年癸亥則蘭亭修禊時年五十有一辨筆陣圖所云羲之年三十三書蘭亭之誤是矣然前卷既引王銍語以劉餗之說為是矣而又云於東墅閣高似孫校書畫見蕭翼宿雲門留題二詩云使御史不有此行烏得是語則雜録舊文亦未能有所斷制至其八法一門以書苑禁經諸條專屬之蘭亭尤不若姜夔禊帖偏傍考之為精密是以曾宏父陶宗儀諸家皆稱姜考而不用是書然其徵引諸家頗為賅備於宋人題識援据尤詳世昌之原本既佚存此一編尚足見禊帖之源流固不得以陳氏之

紹興縣志採訪稿

排擊遽廢是書矣

以上見四庫全書総目提要卷八十六

蘭亭續考二卷　浙江鮑士恭家藏本

宋俞松撰

松字壽翁（案俞庭椿亦字壽翁二人同姓同字同在宋末而實非一人謹附識於此）自署曰吴山蓋錢塘人後有自跋稱甲辰書於景歐堂蓋淳祐四年也其仕履無考惟高宗臨本跋内有承議郎臣松之語其終于是官與否亦莫得而詳焉是書蓋繼桑世昌而作故名曰續考跋内所稱近歲士人作蘭亭考凡數萬言名流品題登載畧盡者即指世昌之書然書中体例與世昌迥異上卷兼載松所自藏與他家藏本下卷則皆松所自藏經李心傳題跋者其跋皆淳祐元年至三年所題以宋史心傳本傳考之蓋其罷祠之後寓居臨安時也前卷所載跋語知辨永嘉之誤而仍沿筆陣圖所云羲之

三十三歲書蘭亭之說其無所斷制與世昌相等然朱彝尊曝書亭集有是書跋稱其跋語條暢不類董逌輩之晦澀則賞鑒家固亦取之至心傳諸跋尤熟於史事如宋祁摹碑青社謚法諸條皆足以備考核非徒紀書畫也又宋史心傳本傳載其淳祐元年罷祠而其初入史館因言者論罷職則不載其歲月今是書跋內有紹定之季罷史職餘巖居語則知其罷在紹定末年亦足以補史闕焉

以上見四庫全書總目提要卷八十六

夏小正戴氏傳四卷　兩江總督採進本

宋傅崧卿撰

崧卿字子駿山陰人官至給事中夏小正本大戴禮記之一篇隋書經籍志始於大戴禮記外別出夏小正一卷注云戴德撰崧卿序謂隋重賞以求逸書進書者遂多以邀賞帛故離析篇目而為此有司受此又不加辨而作志者亦不復考是於理亦或然然考吴陸璣詩草木鳥獸蟲魚疏曰大戴禮夏小正傳云蘩由胡由胡旁勃也則三國時已有傳名疑大戴禮記舊本但有夏小正之文而無其傳戴德為之作傳別行遂自為一卷故隋志分著於録後盧辯作大戴禮記注始採其傳編入書中故唐志遂不著耳又隋志根據七録最為精核不容不知夏小正

為三代之書漫題德撰疑夏小正下當有傳字或戴德撰字當作戴德傳字今本譌脱一字亦未可定觀小爾雅亦孔叢之一篇因有李軌之注遂别著録是亦旁證矣崧卿以為隋代誤分似不然也惟是篇屢經傳寫傳與本文混淆為一崧卿始仿杜預編次左氏春秋之例列正文於前而列傳於下每月各為一篇而附以注釋又以関澮藏本與集賢所藏大戴禮記本參校異同注於下方其関本注釋二十三處亦併附録題曰舊注以别之蓋是書之分經傳自崧卿始朱子作儀禮經傳通解以夏小正分析經傳實沿其例其詮釋之詳亦自崧卿始金履祥通鑑前編所注實無以勝之於是書可謂有功儒者盛稱朱子考定之本而履祥續作之注而不以創始稱崧卿蓋講學家各尊

也則知夫人服祓爲褕夫人褕於正寢既不可如祭之服副褘又不可服告桑之編故服燕寢朝君之祓此說爲前人所未及其解楚茨信南山諸篇尤爲詳晰如南東其畝及中田有廬之類於溝洫田制咸依據確鑿不同附會在近代說詩之家猶可謂瑜不掩瑕瑕不掩瑜者也

以上見四庫全書總目提要卷十六第四十四頁

周禮井田譜二十卷　永樂大典本

宋夏休撰

休會稽人紹興中進士樓鑰序云以上書補官一試吏而止亦未詳爲何官也其書因井田之法別以己意推演創立規制於鄉遂之官聯溝遂之縱横王侯之畿疆田萊之差數兵農之相因頒祿之多寡門子遊倅之法兆域昭穆之制郊社宗廟之位城郭内外之分以及次舍廬室市廛次敘三鼓四金五常九旗五路五車和門八節皆摹繪爲圖若真可坐言起行者其考訂舊文亦多出新意如曰野之萊田以時治之而已不必盡耕作也以其菰蒲之利柴葛之屬刈之復生采之復出也不然旣不謂之易則一家之力豈能歲耕田百畝萊二百畝蓋萊者刈穫

之名虞人萊所田之野是也又曰庶人受一廛耕百畝適長用力所謂可任用者家二人適子之適力復及耕則可任用者三人矣故適子之適謂之餘子雖適子之適力未及耕而有庶子及耕則亦三人故庶子謂為餘夫也又曰古之附庸不可以為國地方百里則可以為同春秋蕭同叔子何休註以為國名是也又曰五十里為則大宗伯曰五命賜則註云則者未成國之名以漢制考之可見如是之類尚可存備一說至於以管子經言解論語自經於溝瀆為經正溝瀆之制則附會甚矣夫阡陌既開以後井田廢二千餘載矣雖以聖人居天子之位亦不能劃裂州郡剷平城堡驅天下久安耕鑿之民悉奪其所有使之蕩析還遷以均貧富一二迂儒乃竊竊然私議復之是亂天下

之術也使果能行又豈止王安石之新法哉同時瑞安黄毅乃
爲作答問一篇條舉或者之説一一爲之疏通證明殆不知其
何心矣陳傅良之序有曰其說以不能成都鄙者爲開田不可
爲軍師者爲閒民鄉遂市官皆小者兼大者他亦上下相攝備
其數不必具其員皆通論餘多泥於度數未必皆叶似稍稍致
其不滿永嘉之學雖頗涉事功而能熟講於成敗此亦一證矣
此書宋志著録明唐樞作周禮論力斥其謬則樞尚及見之朱
彝尊經義考註曰未見蓋無用之書傳之者少也惟永樂大典
之内全部具存檢核所言實無可採姑附存其目而糾正其失
如右

以上見四庫全書總目提要卷二十三第九十三頁

紹興縣志採訪稿

孟子解二卷　浙江吳玉墀家藏本

舊本題宋尹焞撰

案陳振孫書錄解題載尹氏論語解十卷孟子解十四卷徽猷閣待制河南尹焞彥明紹興中經筵所上孟子解未成不及上而卒趙希弁讀書附志則謂焞於紹興初再以崇政殿說書召既侍經筵首解論語以進繼解孟子甫及終篇而卒邢正夫嘗刻於岳陽泮宮其書世罕傳本故朱彝尊經義考註曰已佚此本出浙江吳玉墀家莫知其所自來每章之末略贅數語評論大意多者不過三四行皆詞義膚淺或類坊刻史評或類時文批語無一語之發明焞為程氏高弟疑其陋不至於此又書止上下二卷首尾完具所無所闕佚與十四卷之數亦不相合殆近

紹興縣志採訪稿

紹興縣志採訪稿

時妄人所依託也

以上見四庫全書總目提要卷三十七第九十二頁

韻經五卷安徽巡撫採進本

舊本題梁吳興沈約撰

宋會稽夏竦集古明宏農楊愼轉注江夏郭正域校前有正域自序曰近體詩惟宗沈韻今所傳韻非沈也唐禮部韻也故唐詩宗之沈韻上平有九咍十八痕下平有二十二凡上有十六混十九豏去有八祭十代十七焮入有十六昔而今韻無之其凡例又稱家藏有四聲韻及約故本案梁書南史沈約傳並載約撰四聲譜隋志載其書一卷而唐志已不著錄觀陸法言切韻序歷述呂靜夏侯該陽休之周思言李季節杜臺卿六家之韻獨不及約書是隋開皇時其書已不顯唐李涪作刊誤但詆陸韻而不及沈書則僖宗時已佚矣正域何由於數百年後得

其故本且沈韻雖不可見而其集猶存今以所用之韻一一排比鈎稽之惟東冬鍾三韻同用魚虞模三韻同用庚耕清青四韻同用而蒸登兩韻各獨用與廣韻異餘則四聲竝同又安得如正域所云九咍之類其為贗託殆不足辨至夏竦古文四聲五卷本採鐘鼎奇字分韻編次以便檢尋乃字書非韻書乃古文非今文正域乃稱夏竦集古文尤為乖近觀其首列徐蒧所作吳棫韻補序楊慎轉注古音畧自序而不及竦序知竝未見其書而但以名勦說也王宏撰山志乃指此為沈約集真本識眉隆未見韻經誤指平水韻為約書不亦慎乎又朱彝尊重刊廣韻序曰近有嶺外妄男子偽撰沈約之書信而不疑者有焉考王士禎居易録記康熙庚午廣東香山縣監生楊錫震自言得

沈約四聲譜古本於廬山僧今帽因合吳棫韻補而詳考音義博徵載籍為古今詩韻註凡二百六十一卷赴通政司疏上之奉　旨付內閣與毛奇齡所進古今通韻訂其同異彝尊所指當即其人而今　內府書目但有奇齡之書而錫震之書不録未知其門目何如疑其所據即正域此本也

以上見四庫全書總目提要卷四十四第五十九頁

古文四聲韻五卷　刑部郎中汪啟淑家刊本

宋夏竦撰

竦字子喬江州德安人景德三年舉賢良方正官至武寧軍節度使謚文莊事蹟具宋史本傳據吾衍學古編稱夏竦古文四聲韻五卷前有序併全銜者好別有僧翻本不可用又據全祖望鮚埼亭集有是書跋稱借鈔於范氏天一閣爲紹興乙丑浮屠寶達重刊蓋即吾衍所謂僧翻本也此本從汲古閣影寫宋刻翻雕有慶歷四年竦自序卷首題開府儀同三司行吏部尚書知亳州軍州事夏竦集是吾衍所謂前有序及全銜者矣其書以四聲分隸古篆全祖望跋稱所引遺書八十八家以校郭氏汗簡未嘗多一種實即取汗簡而分韻錄之絕無增減異同

雖不作可也其說固是然汗簡以偏旁分部而偏旁又全用古文不從隸體猝不易尋此書以韻分字而以隸領篆較易於檢閱此如既有說文而徐鍇復作篆韻譜相輔而行固未可廢其一也惟其書由雜綴而成多不究六書之根柢如寴即古親字也親字下既云古尚書作寴又別出一𥨍字譌從宀為從穴云即古雲字也雲字既云說文作[illegible]云字下又云王存乂切韻作[illegible]䀠即古瞿字也䀠字下引汗簡作[illegible]瞿字下又引崔希裕纂古作[illegible]以及朝鼂闢閭協叶之類不可殫數龕字引古尚書是西伯戡黎之戡古字通也乃不併於戡字而自為一條是由不知古文誤以一字為二也澄即澂字之別體澄字下引雲臺碑作[illegible]澂字下引王庶子碑作瀓彩即采字之別體采字下引雲

臺碑作𠪚彩字下引義雲章作彩以及桐梟崇崈窺闚暮謩謨仙僊員圓熙熈奉捧准準帽冒覽競之類不可殫數是又由不辨俗書誤以一字為二也覃韻之函乃圅蓋字咸韻之凾乃函谷字而竝引南岳碑作畗仙韻之鮮乃鮏鮮字於古當從三魚獮韻之鮮乃鮮少字於古當從是從少乃竝云古老子作鱻顏黃門說作𡿪古尚書作㠩說文訓巟為大訓荒為荒蕪本為兩字而以古尚書之荒字蘠韻之巟字竝列荒字下是不辨音義以二字合為一也芇芇芇三字竝出說文乃惟云芇字出說文芇字則云出貝邱長碑古老子三字則云出天台經幢繇字出石鼓文乃云出王存乂切韻鐳字出說文廇字出儀禮澐字獻字飌字簝字出周禮乃竝云出崔希裕纂古沶字出荀子公羊

傳乃云出古文是不求出典隨所見而掇摭也簣字說文本作胄乃云出唐韻夢字說文本作𪓑乃云出汗簡燒字說文本作燒乃云出崔希裕纂古以及兮回冰井丑志之類全與說文相同者亦不可殫數是併不辨小篆也至於室字云季札墓銘作[illegible]季札墓銘無室字怕字云古孝經作[illegible]古孝經無怕字益杜撰矣他如贔鱻錢鐵遐譽之類相連竝立猶云一篆文一改篆為隸也至保字下云崔希裕纂古作保鴈字下云籀韻作鴈則全作隸書點畫不異更不解其何故讀是書者亦未可全據為典要也所列韻目據自序云本唐切韻仙韻下增一宣韻與徐鍇韻譜同覃談二韻列於麻後陽前蒸登二韻列於添後咸前與顏元孫干禄字書同蓋唐制如是至齊韻之後佳韻之前增

一移韻與二書又不同殆唐韻亦非一本歟是則不可考矣

以上見四庫全書總目提要卷四十一第二十八頁

紹興縣志採訪稿

埤雅二十卷浙江巡撫採進本

宋陸佃撰

佃字農師越州山陰人少從學於王安石熙寧三年擢進士甲科授蔡州推官選爲鄆州教授召補國子監直講歷轉至左丞未幾罷爲中大夫出知亳州卒於官事蹟具宋史本傳史稱其精於禮家名數之學所著埤雅禮象春秋後傳之類凡二百四十二卷王應麟玉海又記其修說文解字其子宰作此書序又稱其有詩講義爾雅註今諸書並佚其爾雅新義僅散見永樂大典中文句譌闕亦不能排纂成帙傳於世者惟此書而已凡釋魚二卷釋獸三卷釋鳥四卷釋蟲二卷釋馬一卷釋木二卷釋草四卷釋天二卷刊本釋天之末註後闕字然則併此書亦

有佚脱非完本矣寀序稱佃於神宗時召對言及物性因進説魚説木二篇後乃並加筆削初名物性门類後註爾雅畢更修此書易名埤雅言為爾雅之輔也其説諸物大抵畧於形狀而詳於名義尋究偏旁比附形聲務求其得名之所以然又推而通貫諸經曲證旁稽假物理以明其義中多引王安石字説蓋佃以不附安石行新法故後入元祐黨籍其學問淵源則实出安石晁公武讀書志謂其説不專主王氏亦似特立殆未詳檢是編誤以論其人者論其書歟觀其開卷説罷（龍）一條至於謂曾公亮得龍之脊王安石得龍之睛是豈不尊安石者耶然其詮釋諸經頗據古義其所援引多今所未見之書其推闡名理亦往往精鑿謂之駁雜則可要不能不謂之博奥也

以上見四庫全書總目提要卷四十第二十一頁

紹興縣志採訪稿

燕翼詒謀録五卷 浙江鮑士恭家藏本

宋王栐撰

栐字叔永自署稱晉陽人寓居山陰號求志老叟其名氏不概見於他書今考書中有紀紹興庚戌仲父軒山公以知樞密院兼參知政事一條庚戌為紹興元年核之宋史是年正月甲午王藺知樞密院是栐當為藺之猶子藺宋史無傳據徐自明宰輔編年録載藺無為軍人是書第三卷中所述無為軍建置特詳可以為證其稱晉陽者蓋舉祖貫而言書中又有余曩仕山陽語知其嘗官淮北而所居何職則已不可考矣其書大旨以宋至南渡以後典章放失祖宗之良法美政俱廢格不行而變為一切苟且之治故采成憲之可為世守者上起建隆下迄嘉

祐凡一百六十二條并詳及其興革得失之由以著為鑑戒蓋亦魚藻之義自序謂悉考之國史实録寳训聖政等書凡稱官小説悉棄不取今觀其臚陳故实如絲聯繩貫本末粲然誠雜史中之最有典據者也

以上見四庫全書總目提要卷五十一第二十八頁

增節音注資治通鑑一百二十卷 內府藏本

宋陸唐老編

唐老會稽人淳熙中進士第一故此書亦稱陸狀元通鑑皆於司馬光書內鈔其可備科舉策論之用者閒有音注然淺陋頗甚亦寥寥不詳首有總例云學者未能徧曉出處則於詞賦一場未敢引用足以見其大旨矣

以上見四庫全書總目提要卷四十八第百五頁

入蜀記六卷 光祿寺卿陸錫熊家藏本

宋陸游撰

游字務觀號放翁山陰人佃之孫宰之子初以蔭補登仕郎隆興初賜進士出身嘉泰初官至寶謨閣待制事蹟具宋史本傳游以乾道五年授夔州通判以次年閏六月十八日自山陰啓行十月二十七日抵夔州因述其道路所經以為是記游本工文故於山川風土叙述頗為雅潔而於考訂古蹟尤所留意如丹陽皇業寺即史所謂皇基寺避唐元宗諱而改李白詩所謂新豐酒者地在丹陽鎮江之間非長安之新豐甘露寺很石多景樓皆非故蹟真州迎鑾鎮乃徐溫改名非周世宗時所改梅堯臣題瓜步祠詩誤以魏太武帝為曹操廣慧寺祭悟空禪師

文石刻保大九年乃南唐元宗非後主庾亮樓當在武昌不應
在江州白居易詩及張舜臣南遷志竝相沿而誤歐陽修詩江
上孤峯蔽綠蘿句綠蘿乃溪名非泛指藤蘿宋玉宅在秭歸縣
東舊有石刻因避太守家諱毁之皆足備輿圖之考證他如解
杜甫詩長年三老字及攤錢字解蘇軾詩玉塔臥微瀾句解南
方以七月六日作七夕之由辨李白集中姑孰十詠歸來乎笑
矣乎僧伽歌懷素書歌諸篇皆宋敏求所竄入亦足廣見聞其
他搜尋金石引據詩文以參證地理者尤不可殫數非他家行
記徒流連風景記載瑣屑者比也

以上見四庫全書總目提要卷五十八第九十一頁

南部新書十卷 浙江鮑士恭家藏本

宋錢易撰

舊本卷首題籤後人蓋以姓譜載錢氏出籛鏗也易字希白吳越王倧之子真宗朝官至翰林學士是書乃其大中祥符間知開封縣時所作皆記唐時故事間及五代多録軼聞瑣語而朝章國典因革損益亦雜載其中故雖小說家言而不似他書之侈談迂怪於考證尚屬有裨晁公武讀書志作五卷焦竑國史經籍志作十卷今考其標題自甲至癸以十干為紀則作十卷為是公武所記殆别一合併之本也世所行本傳寫者以意去取多寡不一别有一本從曾慥類說中摘録成帙半經删削闕漏尤甚此本共八百餘條首尾完具以諸本兼校皆不及其全

備當爲足本矣

以上見四庫全書總目提要卷一百四十

陶朱新録一卷　浙江鮑士恭家藏本

宋馬純撰

純字子約自號樸樕翁單州武城人紹興中爲江西漕使隆興初以太中大夫致仕居越之陶朱鄉捜輯見聞著是書因名曰陶朱新録純事蹟不槪見惟會稽志載其題能仁寺壁一詩以譏僧宗昂有黄紙除書猶到汝定知清世不遺賢之句爲當時傳誦是書自宋以來史志及各家書目亦皆不著録然周煇清波雜志引其中韓南一條稱爲樸樕翁陶朱集又稱樸樕翁單父人嘗宦於宣政閒蓋即此書知實出宋人非後來依託也所載皆宋時雜事大抵涉於怪異者十之七八亦洪邁夷堅志之流末坿元祐黨籍一碑與全書体例頗爲不類考録中所記馬

默思郭真人詩純蓋默之諸孫默在神宗朝以戶部侍郎寶文閣待制致仕奉祠後入黨籍南渡以後力返宣和之政以收人心凡黨人子孫皆從優叙故張綱華陽集中有論其除授太濫一疏然士大夫終以爲榮純載是碑蓋以其祖之故亦陸游自稱元祐黨家之意云

以上見四庫全書總目提要卷一百四十二

陶山集十四卷 永樂大典本

宋陸佃撰

佃有埤雅已著錄此集據書錄解題本二十卷歲久散佚今以永樂大典所載裒爲十四卷盖僅存十之七矣佃本受學於王安石故埤雅及爾雅新義案爾雅新義久佚今散見永樂大典中譌脱斷爛殆不可讀多宗字說然新法之議獨齗齗與安石爭後竟入元祐黨籍安石之没佃在金陵爲文祭之推崇頗過然但叙師友淵源而無一字及國政元祐初預修神宗實錄亦頗爲安石諱數與史官辨爭坐是外補然徽宗初召還復用佃乃欲參用元祐舊人復與時宰齟齬而罷盖其初誤從安石遊故牽於舊恩文字之間不能不有所假借至於事關國計則毅然不以私廢公亦可謂剛直

有守者矣佃既以新法忤安石不復問以政事惟以經術任之神宗命詳定郊廟禮文佃寔主其議今集中所載諸篇是也其他文字勘以史傳所紀亦皆相符惟元豐大裘議集稱佃為集賢校理史乃稱同列皆侍從佃獨以光祿丞居其閒當為宋史之譌又佃紹聖初落職知泰州故到任謝表有海陵善地淮甸近州語史乃稱知秦州亦為字誤殆修宋史時其集已不甚顯歟佃所著有禮象諸書當時以知禮名集中若元豐大裘議諸篇大抵宗王而黜鄭理有可通不妨各伸其說惟其中自出新意穿鑿附會者如以特牲饋食禮饎爨在西壁主婦視饎爨於西堂下為在廟外引爾雅門側之堂謂之塾饎爨在廟門外之西堂下命以儀禮考之燕禮曰小臣師一人在東堂下大射儀

曰賓之弓矢與中籌豐皆止於東堂下賓之矢則以授矢人於西堂下公食大夫禮曰小臣東堂下士喪禮曰饌於東堂下既夕禮曰設棜於東堂下少牢饋食禮曰司宮溉豆籩勺爵觚觶凡洗於東堂下凡此諸條俱未有以東西堂爲東西塾之堂者士冠禮曰具饌於西塾聘禮曰擯者退負東塾而立又曰擯者退負東塾又曰出門西面於東塾南士喪禮曰卜人及執燋者在塾西士虞禮曰七俎在西塾之西特牲饋食禮曰筮人取俎於西塾凡此諸條俱未有東稱東西塾爲東西堂者又士冠禮曰適東壁士昏禮曰退適東壁亦無以爲在廟門外者佃之說殊爲牽合佃又謂北堂有北壁考大射儀工人士與梓人升下自北階註曰位在北堂下旣有北階明知其無北壁佃弗及考

詳而輕詆賈疏亦為末允至謂禓襲之襲從龍龍衣為襲則又附和字説而為之尤無足深詰矣方回瀛奎律髓稱胡宿與佃詩格相似宿詩傳者稍多佃詩則不槪見惟詩林萬選載其送人之潤州一首瀛奎律髓載其贈别吴興太守中父學士一首能改齋漫録載其韓子華輓詩一聯而已今考永樂大典所載篇什頗夥大抵與宿並以七言近体見長故回云然厥後佃之孫游以詩鳴於南宋與尤袤楊萬里范成大並稱雖得法於茶山曾幾然亦喜作近体家學淵源殆亦有所自來矣

以上見四庫全書總目提要卷一百五十四

雲溪居士集三十卷永樂大典本

宋華鎮撰

鎮字安仁會稽人元豐二年進士官至朝奉大夫知漳州軍事鎮原集本一百卷又有揚子法言訓解十卷書記三卷會稽覽古詩一百三篇長短句一卷會稽録一卷并附哀文一卷通一百十七卷紹興十三年其子初成裒集刊刻曾表進於朝又鎮上蔡樞密書自云有所作王制解一編而初成所為狀跋則不載是書蓋當時已散佚矣其集諸家書目皆不著録寶慶會稽續志但稱鎮好學博古嘗著會稽覽古詩一百三篇不及其集惟焦竑經籍志載雲溪居士集一百卷而其他著作亦均未載近錢塘厲鶚編宋詩紀事僅從地志之中鈔得會稽覽古詩九

首知自明以來是集無傳本也茲於永樂大典中援輯詮次釐
為三十卷雖未能頓還舊觀然原刻卷數已得三之一矣樓炤
序其集曰精深典贍遒麗逸發又曰介然自重不輕以求人之
知其名之不貽也固宜然觀其學術大抵以王安石為宗且與
蔡京章惇輩贈答往來干祈甚至炤之所云未必遽為公論特
幸不為京輩所汲引故尚未麗名姦黨身敗名裂耳至其所為
詩文則才氣豐蔚詞條暢達雖不足與歐曾蘇黃比絜長短而
在元豐元祐之際亦裒然自成一家置其人品取其文章可矣

以上見四庫全書總目提要卷一百五十五

慶湖遺老集九卷　兩江總督採進本

宋賀鑄撰

鑄字方回衛州人唐諫議大夫知章之後元宗時知章致政詔賜鏡湖捪謝承會稽先賢傳謂慶湖以王子慶忌得名後譌爲鏡故鑄自號慶湖遺老初以婚於宗女授右班殿直元祐中李清臣奏換通直郎通判泗州太平州卒事蹟載宋史文苑傳其詩自元祐己卯以前凡九卷自製序文是爲前集己卯以後者爲後集合前後集共二十卷同時程俱爲之序今後集已佚惟前集僅存鑄子櫄跋稱後集經兵火散失則南宋已無完本故書錄解題所載卷數與今本同也方回作瀛奎律髓稱鑄每詩題下必詳註作詩年月與其人之里居姓氏今觀此本與回所

說相符蓋猶舊刻之未經删竄者矣鑄以填詞名家世傳其青玉案詞梅子黄時雨句有賀梅子之稱然其詩亦工緻修潔時有逸氣格雖不高而無宋人悍獷之習苕溪漁隱叢話稱其以望夫石詩得名詩人玉屑稱王安石賞其定林寺絶句王直方詩話載鑄論詩之言曰平淡不涉於流俗奇古不鄰於怪僻題詠不窘於物義叙事不病於声律比興深者通物理用事工者如己出格見於成篇渾然不可鎸氣出於言外浩然不可屈按此段以叶韻成文觀其所作雖不盡如其所論要亦不甚愧其言也陸游老學菴筆記曰賀方回狀貌奇醜俗謂之賀鬼頭喜校書朱黄未嘗去手詩文皆高不獨工長短句也今其文則不可睹矣

以上見四庫全書總目提要卷一百五十五

尹和靖年譜一卷永樂大典本

不著撰

人名氏和靖尹焞謚也據書中稱謂蓋其门人所編焞講學以

存養爲先著述無多又立朝不久亦無所表見故是譜所記事

蹟殊甚寥寥又不及涪陵記善録矣

以上見四庫全書總目提要卷五十九第九十七頁

紹興縣志採訪稿

和靖集八卷　江西巡撫採進本

宋尹焞撰

焞有孟子解已著録然孟子解雖名見書録解題原書實已散佚今所行者乃贋本惟此集猶相傳舊笈凡奏劄三卷詩文三卷其壁帖一卷乃焞手書聖賢治氣養心之要粘之屋壁以自警惕後人録之成帙又師説一卷則焞平日之緒論而其門人王時敏所編也考朱子語録謂焞文字有關朝廷者多門人代作今其孰爲假手孰爲真筆已不可復考然指授點定亦必焞所自爲會昌一品集序雖李商隱作究以鄭亞改本爲勝正不必盡自己出也詩不多作然自秦入蜀道中作云南枝北枝春事休啼鶯乳燕也含愁朝來回首頻惆悵身在秦川最盡頭亦

殊有詩情固未可槩以有韻語録目之矣

以上見四庫全書總目提要卷一百五十七

梅溪集五十四卷 兵部侍郎紀昀家藏本

宋王十朋撰

十朋有會稽三賦已著録是集為正統五年温州教授何濵所校知府劉謙刻之黄淮為序凡奏議五卷而冠以廷試策前集二十卷後集二十九卷而附以汪應辰所作墓誌後有紹熙壬子其子宣教郎聞禮跋稱文集合前後並奏議五十四卷與此本合而文獻通考作梅溪集三十二卷續集五卷并載劉珙之序今無此序卷數更多寡不符應辰墓誌則稱梅溪前後集五十卷與此本亦不相應疑珙所序者初稾應辰所誌者晚年續增之稾而此本則十朋没後其子聞詩聞禮所編次之定稿也觀應辰稱尚書春秋論語孟子講義皆未成書而此本後集第

二十七卷中載春秋論語講義數條則爲蒐輯續入明矣十册立朝剛直爲當代偉人應辰稱其於文專尚理致不爲浮虚靡麗之詞其論事章疏意之所至展發傾盡無所回隱尤條鬯明白珙稱其詩渾厚質直懇惻條暢如其爲人今觀全集淳淳穆穆有元祐之遺風二人所言良非溢美曹安讕言長語僅稱其祭漢昭烈帝諸葛亮杜甫文各數語未足以盡十朋也

以上見四庫全書總目提要卷一百五十九

劒南詩稿八十五卷内府藏本

宋陸游撰

游有入蜀記已著録是集末有嘉定十三年游子朝請大夫知江州軍事子虡跋稱游西泝僰道樂其風土有終焉之志宿留殆十載戊戌春正月孝宗念其久外趣召東下然心未嘗一日忘蜀也是以題其平生所爲詩卷曰劒南詩藁蓋不獨謂蜀道所賦詩也又稱戊申己酉後詩游自大蓬謝事歸山陰故廬命子虡編次爲四十卷復題其籤曰劒南詩續藁自此至捐館舍通前藁爲詩八十五卷子虡假守九江刋之郡齋遂名曰劒南詩藁案遂字文義未順疑當作通名曰劒南詩藁云云則此本游子虡之所編至跋稱游在新定時所編前稿於舊詩多所去取所遺詩尚七卷不

敢復雜之卷首別其名曰遺稾者（案後村詩話作別集七卷盖偶筆誤）今則不可見矣卷首又有淳熙十四年游門人鄭師尹序稱其詩為眉山蘇林所收拾而師尹編次之與子虡跋不同盖師尹所編先別有一本子虡存其舊序冠於全集也游詩法傳自曾幾而所作呂居仁集序又稱源出居仁二人皆江西派也然游詩清新刻露而出以圓潤實能自闢一宗不襲黃陳之舊格劉克莊號為工詩而後村詩話載游詩僅摘其對偶之工已為皮相後人選其詩者又略其感激豪宕沈鬱深婉之作惟取其流連光景可以剽竊移掇者轉相販鬻放翁詩派遂為論者口實夫游之才情繁富觸手成吟利鈍互陳誠所不免故朱彝尊曝書亭集有是集跋摘其自相蹈襲者至一百四十餘聯是陳因窠臼游且

不能自免何況後來然其託興深微遣詞雅雋者全集之內指
不勝屈安可以選者之誤併集矢於作者哉今錄其全集庶幾
知劍南一派自有其真非淺學者所可藉口焉

以上見四庫全書總目提要卷一百六十

紹興縣志採訪稿

渭南文集五十卷逸稾二卷 內府藏本

宋陸游撰

游晚封渭南伯故以名集陳振孫書錄解題作三十卷此本為毛氏汲古閣以無錫華氏活字版本重刊凡表牋二卷劄子二卷奏狀一卷啟七卷書一卷序二卷碑一卷記五卷雜文十卷墓誌墓表壙記塔銘九卷祭文哀辭二卷天彭牡丹譜致語共為一卷入蜀記六卷詞二卷共五十卷與陳氏所載不同疑三字五字筆畫相近而譌刻也末有嘉定三年游子承事郎知建康府溧陽縣主管勸農事子遹跋稱先太史未病時故已編輯凡命名及次第之旨皆出遺意今不敢紊又述游之言曰劍南乃詩家事不可施於文故別名渭南如入蜀記牡丹譜樂府詞

本當別行而異時或至失敗宜用廬陵所刊歐陽公集例坿於集後云云則此集雖子遹所刊寔游所自定也游以詩名一代而文不甚著集中諸作邊幅頗狹然元祐黨家世承文獻遺[遣]詞命意尚有北宋典型故根柢不必其深厚而修潔有餘波瀾不必其壯闊而尺寸不失士龍清省庶乎近之較南渡末流以鄙俚為真切以庸沓為詳盡者有雲泥之別矣游劍南詩稿有文章詩曰文章本天成妙手偶得之粹然無瑕疵豈復須人為君看古彝器巧拙兩無施漢最近先秦固已殊淳漓其文固未能及是其旨趣則可以概見也逸稿二卷為毛晉所補輯史稱游晚年再出為韓侂胄撰南園閱古泉記見譏清議今集中凡與侂胄啟皆諱其姓但稱曰丞相亦不載此二記惟葉紹翁四朝

聞見録有其全文晋爲收入逸稾蓋非游之本志然足見愧詞曲筆雖自刋除而流傳記載有求其泯没而不得者是亦足以爲戒矣

以上見四庫全書總目提要卷一百六十

放翁詩選前集十卷後集八卷附別集一卷 兵部侍郎紀昀家藏本

宋羅椅劉辰翁所選陸游也詩也前集椅所選元大德辛丑其孫懲始刻之前有懲自序後集辰翁所選前後無序跋椅閒有圈點而無評論辰翁則句下及篇末頗有附批大致與所評杜甫王維李賀諸集相似明人刻辰翁評書九種是編不在其中蓋偶未見此本詳其詞意確為須溪門徑非偽託也末有明人重刻舊跋蠹蝕斷爛幾不可讀并作者姓名亦莫辨其可辨者惟稱宏治某年得於餘杭學究家屬其同年餘姚知縣冉孝隆校刻之耳又稱放翁集鈔本尚存然聞而未嘗見獨羅澗谷劉須溪所選在勝國時書肆嘗合而梓行以故轉相抄錄迄今漸出而印本則見亦罕矣云云據其所言則兩人本各自為選其

前集後集之目蓋元時坊賈所追題矣跋又有複者去之之語故兩集所録無一首重見末附爲别集一卷不題編纂名氏其詩皆見瀛奎律髓中以跋中取方虚谷句推之知即作跋者所輯以補二集之遺其中睡起至園中一首已見前集五卷中蓋偶誤也劍南詩集汲古閣刻本今已盛行於世然此選去取頗不苟又宋人舊本故以陳亮歐陽文粹之例與本集並存之椅字子遠號澗谷廬陵人寳祐四年進士以秉義郎爲江陵教官改漳州復知贛州信豐縣遷提轄榷貨德祐初遭論罷周密齊東野語記其當道學盛時依託求進道學勢衰之後遂棄去不相聞問深不滿之明偶桓乾坤清氣集皆録元人之詩而有謝幼輿折齒歌一首蓋元初尚存辰翁自有集始末詳見本條下

以上見四庫全書總目提要卷一百六十

冷然齋集八卷　永樂大典本

宋蘇泂撰

泂字召叟山陰人右僕射頌之四世孫宋史頌傳不詳列其後裔故泂始末無可考陳振孫書録解題有泂冷然齋集二十卷亦久亡佚惟宋無名氏詩家鼎臠中尚存其二詩而已今從永樂大典所載採輯排比共得詩八百五十餘篇釐為八卷即詩中所自紀參互考之知泂少時即從其祖遊宦入蜀長而落拓走四方曾再入建康幕府其書懷詩有云昨蒙崇公置牙齒事下丞相當審核駑才不堪駕十乘爝火或可繼殘夕則嘗以薦得官而終偃蹇不遇以老生平所與往來唱和者如辛棄疾劉過王柟潘檉趙師秀周文璞姜夔葛天民等皆一時知名士集

中又有送陸游赴修史之命詩云弟子重先生丱角以至斯文章起嬰慕德化(行)隨蕭規是洞本從學於游詩法流傳淵源有自故其所作皆能鑱刻淬鍊自出清新在江湖詩派之中可謂卓然特出其金陵雜咏多至二百首尤為出奇無窮周文璞為作跋以劉禹錫杜牧王安石比之雖稱許不免過情要其才力富贍寔亦一時之秀也惜其原集久湮録宋詩者至不能舉其姓名其輓姜夔一詩元陸友仁硯北雜志引之以為蘇石所作近時厲鶚作宋詩紀事遂分蘇洞蘇石為兩人今考是詩猶在洞集中殆必原書題作蘇召叟傳寫者脱去叟字又誤召為石遂致輾轉沿譌莫能是正倘非集本復出竟無由訂定其紙繆則晦而復著亦可云洞之至幸矣以上見四庫全書總目提要卷一百六十三

會稽志二十卷 明正德刊本 陸游序嘉泰元年 宋施宿等撰

紹興府今刊會稽志一部二十卷用印書紙八百幅古經紙一十幅副葉紙二十幅背古經紙平表一十幅工墨錢八百文每册裝背 文右具如前

嘉泰二年五月 日手分俞澄王思忠具

安撫使司校正書籍傅穉

會稽續志八卷 舊抄本 宋張淏等撰

會稽志作於嘉泰辛酉距今二十有五年夫物有變遷事有沿革今昔不可同日語也況城府内外斬然一新則越又非曩之越矣苟不隨時紀録後將何所攷昔虞翻朱育答郡太守問會稽古今事應對如流纖悉弗遺當時但嘆其殫拾殊不知二公

皆人望也其習熟有非一日淏雖世本中原僑寓是邦蓋有年矣山川風土之詳人材物產之富與夫事物之沿革變遷曩嘗訪聞茲又目擊於越事亦粗稔懼其久而遺忘輒裒輯而彙次之總爲一編曰會稽續志所書因辛酉以後事而前志一時偶有遺逸者因追補之疎畧者因增廣之譌誤者因是正之異時有問我以越事敢执此以謝寶慶元年三月旦日梁國張淏序

以上見清歸安陸心源編皕宋樓藏書志卷三十

徐維則自都門輯錄

剡錄十卷 文瀾閣傳抄本 宋高似孫撰

山陰蘭亭禊剡雪舟一時清風萬古冰雪王謝抱經濟具二戴深經學奈何純曰高逸也嗚呼山川顯晦人也人顯晦天也天下多奇山川而一禊一雪致有爽氣可謂人矣江左人物如此然二戴剡王謝亦剡孫阮輩入剡非天乎漢迨晋永和六百餘年右軍諸人乃識剡永和至皇宋嘉定幾千年史君君尹剡訪似孫錄剡事剡始有史桑欽水經酈道元注道元魏人先儒辨其北事詳南事畧似孫鄞人也如其精覈俟剡人宋嘉定甲戌高似孫序

以上見清歸安陸心源編皕宋樓藏書志卷三十

徐維則自都門輯錄

會稽三賦三卷　宋刊本　黄蕘圃舊藏

宋東嘉王十朋撰剡谿周世則注郡人史鑄增注

昔司馬相如作上林賦設子虛烏有先生亡是公三人相畣難子虛虛言也烏有先生者烏有其事也亡是公者亡是人也故其詞多夸而其事不實如盧橘黄甘之類蓋上林所無者若夫士大夫居是邦遊是境覩則是賦也不可以不知其或外此者苟能一目則不必上會稽探禹穴不必投剡中登天姥其若耶雲門又不必青鞋布韈也或從官于此則鏡湖秦望之遊亦不必月三四焉況人材風俗與夫登覽之勝斑斑靡不具在俾盛傳於世豈曰小補哉凡讀之者嘗患乎奇字之為梗從而為釋音區布於句讀之下庶幾不俟討論可以助眼過電而口傾河

也區區注釋之意於是乎併書特嘉定歲在丁巳長至愚齋史

鑄序

黃氏手跋曰宋本會稽三賦注余所見有三本一得諸顧八愚家一見諸顧五癡處今歸潛研堂一見諸顧抱沖所八愚五癡爲昆仲其兩本悉屬舊藏若抱沖則得諸他處非郡中物也然皆大字不分卷每半葉九行每行大十八字小三十二三字不等注中有注此刻板式與前所見者異矣此本首載史序第一葉與會稽三賦第一葉誤倒故印記反鈐于賦之第一葉應正之丙寅穀雨後一日蕘翁識

以上見清歸安陸心源編皕宋樓藏書志卷三十四

徐維則自都門輯錄

新刊續添是齋百一選方二十本　東洋覆宋本　宋山陰王璆孟玉撰

方書傳於世衆矣其斷斷能已疾者蓋寡古人方書一藥對一病非苟云爾也後世醫家者流不深明夫百藥和齊之所宜猥曰醫特意爾往往出己見嘗試為之以故用輒不効甚者適以益其疾而殺其軀者有之毋惟乎饋藥者以未達而不敢嘗有病者以不治為得中醫也嗟乎醫方所以除疾疢而保性命其何至是得匪其擇之不精處之不審故歟是齋王使君璆博雅君子也生長名家蓄良方甚富皆其耳目所聞見已試而必驗者每嘆人有可療之疾藥不相值卒於不可療思濟斯人詎忍秘而不示屬守古沔公餘裒集始就刊鋟諸郡齋目之百一選方其精擇審處蓋如此然則公之用心仁矣是書之行其傳也

宜哉慶元丙辰孟冬初吉郡文學天台章楫序

此集也盛行于世近得是齋全本其為方也一千有餘分門析類列之於目井井可觀皆係經驗不傳之祕凡丈夫婦人小兒諸証纖悉委曲靡所不備鼎新刻梓三復校正並無訛舛凡我尊生君子伏幸詳鑒歲在癸未端陽前一日建安劉承父謹題

書録解題曰是齋百一選方三十卷山陰王璆孟玉撰百一者言其選之精也

案王璆山陰人凡分三十一門每門各有子目四庫所未收也

以上見清歸安陸心源皕宋樓藏書志卷四十六

徐維則自都門輯録

蘭亭考十二卷　舊抄本　錢竹汀舊藏　宋桑世昌集

晚挈書結廬山陰茂林修竹間訪問王謝遺躅但見壑岩深秀雲物興蔚而已得汪龍溪所藏修禊大圖表之屋壁中山石中字又在碁硯間若與諸人接一日澤卿携此編見越故事也夫羲之名為侍中尚書不拜護軍將軍又不拜至於兒娶女嫁便有尚子平之意縷縷書辭間其識度宇量似非江左諸賢可及天若右晉使昌于事業當不在司徒叔大傅公下今論者知有此帖而已然知此帖者亦足以大雅風流自任況知之者無如澤卿乎詩曰豈無老成人尚有典刑於茲有之既請序名曰蘭亭考嘉定元年十一月望日華文閣學士通奉大夫提舉江州太平興國宮高文虎書

紹興縣志採訪稿

宋臨川王義慶采擷漢晉以來佳事佳話為世說新書極為精絕而猶未為奇也梁劉孝標注此書引援詳確有不言之妙如漢魏吳諸史及子傳牒志之書皆不必言只如晉一朝史及晉諸公列傳譜錄辭章皆出於正史之外是曰注書之法襍之為帖風流太甚自晉以來難乎下語桑君畫交名公巨卿以及海內之士以元其見聞者固不一然與予遊從三十年見必及此甚有贊於帖考者尤為不一今茲浙東臺使齊公屬加稾正遂略用史法翦裁之為此書者無非風流大雅之事又無非博古好事之人若齊公獨拳拳於此者是為風流大雅博古好事之極矣嘉定十七年秋九月　日朝議大夫新除祕書省著作佐郎兼權右侍郎官高似孫謹書

徐維則自都門輯錄

字書自蘭亭出上下數千載無復倫擬而定武石遂爲今世大議論桑君此書信足以垂名矣君事事精習詩尤工其即事云翠添隣塹竹紅照屋山花蘸著色也畫葉適

嘉定辛巳冬碩蒙恩守台行山陰道上鑒流岩秀洞心駭目想象入東諸賢高風逸韻邈乎其不可挹也至郡有以桑君蘭亭考見示其檜梓訂證靡有遺恨豈惟嘆其識見之該洽暇日開卷往往令人神遊茂林脩竹之下癸未司庾入越間得一至山中雖永和陳迹已不復見而高林崇阿正自無恙剏思陵所臨禊帖有光燭天倉司郡齋咸有舊刻嘗經前輩題品俱在孜中眞足以慰懷古之意然則是編可謂有功於蘭亭當行於越無可疑者內相高公曩嘗叙其編首今吏部侯刪潤之豈非是編

紹興縣志採訪稿

之幸碩得附名其末抑又幸也甲申季冬十日青社齊頤謹書

以上見清歸安陸心源編皕宋樓藏書志卷三十七

徐維則自都門輯錄

百菊集譜六卷補遺一卷 明刊本

宋山陰史鑄著 補遺 廣信邢良孚撰

萬卉蕃廡於大地惟菊傑立於風霜中敷華吐芬出乎其類所以人皆貴之至於名公佳士作為譜者凡數家可謂討論多矣鑄晚年亦愛此成癖且欲多識其品目未免周詢博採有如元豐中鄞江周公 師厚 所記洛陽之菊二十有六品 即洛陽花木記 崇寧中彭城劉公 蒙 所譜虢地之菊三十有五品 淳熙乙未省郎史公 正志 所譜吳門之菊二十有八品 淳熙丙午大參范公 成大 所譜石湖之菊三十有六品 迨而嘉定癸酉吳中沈公 乃撫 取諸州之菊及上至于禁苑所有者總九十餘品以著于篇 菊名篇第四 亦一譜也凡此一記四譜俱行於世 此外又有文保雍鑄一譜求之未見

自端平至于淳祐凡七年間始得諸本且每得一本快覩諦玩竊有疑焉如九華一品此正供淵明所賞者也在昔先生所植甚多嘗以是形於九日詩序今也幾歷千載其名猶聞於杭越間流芳不絕然愚求記於譜中奈何皆闕之豈彼四方之廣土此品未嘗有也豈道里限隔此名或呼之異耶豈羣賢作譜採訪有所未至耶胡為品目之未備吁可怪也於是就吾鄉徧涉秋圃搜拾所有悉市種而植之俟其花盛開乃備述諸形色而紀之有疑而未辨則問於好事而質之夫如是則古稱九華者於斯復見矣且至於四十品（若濫觴假名者不與其數）是為越譜至此一記五譜班班品列名曰百菊集譜（今去其重複凡有百六十三名）今則特加種藝與夫故事詩賦之類畢萃於此庶幾可以俾廣所聞云時淳祐

徐維則自都門輯錄

壬寅夏五既望愚齋史鑄序

前編始成愚乃標之為百菊集譜因同里判簿兆偉伯見之乃衷以佳名曰菊史續又見古人江奎詩有他年　若脩花史之句　高疎寮有竹史之作但鑄才疎識淺所愧不足聯芳於前賢乃者叩府察盧舜舉諱選鑄示黃華傳迮又蒙同志陸景昭假及鞠先生傳今故併行校正刋於補遺卷端戲表此編濫有稱史之名耳旹淳祐庚戌歲季春吉旦愚齋史鑄顏甫識

以上見清歸安陸心源皕宋樓藏書志卷五十四

徐維則自都門輯錄

傅生行稿序

山陰傅德孚與沈子孚先同以詩文行天下稱江園二子云當二子居江園時好言大節每曰慕義如皇甫規文章如賈誼亦可矣故二人者皆兢兢好學力行行文去雕飾一時自好之士皆歸之予嘗題之曰兩龍躍雲津雙珠生浦源豈有誣乎惜乎孚先之死也今德孚見舉矣德孚以年少之才遭逢良時當必立受主知如賈生者弟德孚甫解歌鹿鳴已即貽書問予索予為孚先誌銘其不忘孚先如此鄉使孚先尚在觀德孚之見舉較德孚之文踴躍懽忭其什倍於予當何如者予初與叔夜武孫較孚先德孚社義既與茂倫麗京世臣朗詣木弟較孚先德孚詩今獨較德孚文予知德孚必有不怡于心者在也於其行文也而序及之

紹興縣志采訪稿

以上見蕭山毛奇齡稿西河合集卷七十三之十四

徐維則自都門輯錄

東皋詩集序　宗藩輔國將軍博問亭稱東皋主人

詩有高其格閎其辭蘊其氣依約其意旨而均調其音聲在三古謂之雅在兩京謂之休成在魏晉六朝以後即謂之清和謂之善平謂之登歌上詞此即都尉屬國降之逮晉唐作者猶自歎難能而東皋主人優爲之嘗從施侍讀愚山汪編修鈍翁陳檢討其年輩與東皋主人唱和每唱輒自愧不及不敢和錄其詩而歸迨于今越三十年天下誰不知東皋詩者然而見其詩恍旅舍對千頃陂恍過江市人逢衛洗馬恍長安安樂坊觀海外玉樹即偶然觸及亦覺私顧形穢而東皋示我颯颯然吾何以測其涯涘也宇文章五百年一興　皇上以經天緯地之作彪炳萬古而　諸王能種皆能各擅其所長以互相映發光天之下斯文且爛然矣獨是

長安高髻時多異尚高文典冊往往閒雜以句欄小曲私誇新樣而東皋僩軒軒自得每彷御製豫和以滌諸佻璪纖翕振之作清廟明堂之風大海蕩蕩水所歸吾無間焉惜予年八十有一生平論文者百無一存即愚山鈍翁其年輩皆先我而逝而每憶東皋比之膠之結于腸長庚之遠附于陽烏即中夜念及亦若隨之在後先而不踰寸步是非深有感于心而何以至此

以上見清蕭山毛奇齡稿西河合集卷八十之五六

徐維則自都門輯錄

越絕書書後

越絕春秋亡名氏書也辭文高上紀志芃衍迆先秦閒所為文自篇首隱其所為人而故為推求以為子貢作又以為伍胥作故自漢迄今皆莫得所為人焉嘗讀末篇中篇皆隱語有云紀陳厥說略有其人以去為姓得衣乃成厥名有米覆之以庚禹來東征死葬其疆蓋會稽袁康者也又曰文屬辭定自于邦賢以口為姓承之以天楚相屈原與之同名其屬辭者蓋同邑吳平者也昔王充有云會稽吳君高又有云君高之越紐錄則豈君高者平字也越紐故越絕也則前人亦偶有指平者矣逮明楊慎跋其書推袁吳名於為獨得蓋自漢迄今貿貿者且千餘年于茲矣徐受之注吳越春秋前後引據反覆于是書猶且猶豫必得升庵始解之誠亦

甚怪然升庵猶未審似于其中文未遍觀也升庵云東漢之末好作隱語黄絹碑其著者也又孔融作離合詩以隱辭見郡氏而魏伯陽作參同契亦隱其名是必其人與同時者析知其末篇則明云句踐以來至于更始之元五百餘年又記吳地傳云句踐徙瑯琊到建武二十八年凡五百六十七年則東漢初書記而以爲東漢之末猶近鹵略因特補出之

以上見清蕭山毛奇齡稿西河合集卷八十二之九十

徐維則自都門輯錄

魯湘城詩序

予避人還真州值山陰沈九康臣以丞相判官主文江南藏予秦淮之複壁間其時潤州司馬魯君謙菴造戈船江濱與康臣同學且同官每以文酒相唱酬而不厭其也暨予還里閈遇謙菴杭州相見慰勞而康臣以都官郎赴玉樓去予方悲故交淪落鄉里後進無復擅詞業如曩時藝苑與謙菴三嘆而既而江東同志無不籍籍稱謙菴諸子有學而次君緗城尤工詞賦往以五七言長城爭雄于時時之唱和者率相顧咨嗟以為莫及是何平陵之裔多才士也夫世家名閥豈乏賢儁然抉其所到多以仕進相矜高求其一二有學者卒亦甚罕今謙菴以粵西觀察進參知行省開藩于五嶺之南而緗城赴觀與諸同學登臨感慨合離分併往來之

紹興縣志採訪稿

頌饒有篇什予年七十後已不能操筆為詩其故有三一則江淹才盡筆冢脫落一則楊子雲方草太玄悔實學不早概從廢置一則鍾期既逝雖高山如故而聲音歇絕康亡後便不能無黃公壚下之感而近觀緗城諸詩有不禁酒傭之技癢者第崦嵫迫促仍如避人複壁中雖欲為唱和而仍不能也

以上見清蕭山毛奇齡稿西河合集卷七十九之十三四

徐維則自都門輯錄

會稽縣志總論序

會稽縣志前此典修者為山陰張宮諭君君屬徐渭編摩之因載徐諸論卷端未有易也康熙壬子再修志會守令遷革不以時典之者典首目一時博雅孰掌故諸弟子各游散滯四方遂不得一興較覈暨稍歸而志成既已無可如何第卷端分門發凡各有論統紀而語頗襲故且未備也會稽令君遂以諸論屬俞子賡之因文施易剗剔其成版而補鋟之且別彙一帙彷彿徐集中所載者繙而讀之何典制已甚也山川形勝户賦徭役詳于治術而議必閱始語具裁略崖岸而波瀾類七國時所傳文雖限于方幅而翻覆委蛇論述之能事矣賡之以跅弛之才出會稽令君門下垂薦復罷因濩落受督學使聘躑躅于苴蘭葉榆之間胸有幅員可承

紹興縣志採訪稿

頻而得也予浪游十年所至之耳目心志即詢以丘原浸灌丁男色篚之數曠曠然未有記者而予邑志于諸邑最劣益修而益劣卒而無能計及于補葺之者也設或計及敢望有論著如徐俞解矣

以上見清蕭山毛奇齡稿西河合集卷七十三之十三十四

徐維則自都門輯錄

紹興縣志采訪稿

歷代故事十二卷　宋刊宋印本　宋楊次山輯

案是書不著撰人名氏各家書目亦未著録序署坤寧殿題則當為皇后所製因以序中老兄永陽郡王一語求之知為宋楊次山所輯序則寧宗楊皇后所製也次山字仲甫后之兄也其先開封人家于越之上虞少好學能文補右學生后受册封永陽郡王後封會稽郡王卒年八十八韓侂胄之誅悉出其謀事詳宋史外戚傳及后妃傳史稱后涉書史知古今其序當后所自製壬申年寧宗嘉定五年也其書乃次山手書付刊書法娟秀可喜嘉定壬申距今六百餘年完善如新良可寶也

以上見清歸安陸心源編皕宋樓藏書志卷二十八

紹興縣志採訪稿

徐維則自都門輯錄

太極辨三卷永樂大典本

元孫自強撰

自強會稽人仕履未詳是書大旨謂聖人之言約而明先儒之論詳而汩又謂漢唐以來語焉而勿明濂洛諸賢明焉而未純學者因其辭之紛紜不以異端傳會於聖經者鮮矣故條舉太極圖說正蒙及朱子四書集註諸書言性命者而辨之其謂經典未嘗離氣質以言性蓋駁張子義理之性氣質之性之說後來李光地孟子劄記榕村語録皆與自強所論同然自強之書外間實無傳本光地蓋闇與合耳

以上見四庫全書總目提要卷九十五

紹興縣志採訪稿

史義拾遺二卷 内府藏本

元楊維楨撰

維楨有春秋合題著説已著録據孫作所作維楨傳稱其生平論史之書有太平綱目四十册歷史鉞二百卷今俱亡佚此書傳中不載明皇甫汸始爲刊行本大抵雜舉史事自爲論斷上自夏商下迄宋代中有作補辭者如子思薦茍變書齊威王賓言是也有作擬辭者如孫臏祭龐涓文梁惠王送衛鞅還秦文是也有作設辭者如毛遂上平原君書唐太宗責長孫無忌是也大都借題游戲無關事實考同時王褘集中亦多此体蓋一時習尚如斯非文章之正格亦非史論之正格以小品視之可矣每篇下有跋語蓋其門人所作自稱其名曰木不著其姓亦不

知其爲何許人也

以上見四庫全書總目提要卷八十九

春秋合題著說三卷永樂大典本

元楊維楨撰

維楨字廉夫號鐵崖山陰人泰定四年進士初署天台尹改錢清場鹽司令轉建德總管府推官擢江西儒學提舉未及上而兵亂遂不復仕放浪於詩酒歌舞之間明初命修禮樂書旋以老病辭歸事蹟具明史文苑傳案宋禮部貢舉條式崇寧貢舉令春秋義題聽於三傳解經處出靖康元年改止用正經出題紹興五年禮部議春秋正經詞語簡約比之五經爲略間目所在易於周徧往往州郡問目重複甚多每遇程文鮮不相犯請仍聽於三傳解經處相兼出題元史選舉志所載延祐條例不言春秋出題之法以維楨是書考之蓋亦以經文易複改爲合

題明制春秋合題之法蓋沿元舊也維楨自序曰春秋正變無定例故闕合無定題筆削有微旨故會通有微意初學者不知通活法以求義場屋中往往不得有司之意今以当合題凡若干各題著說使推其正變無常縱橫各出以禦場屋之敵又曰學者因是而得其活法則求經之微亦無出於此不止決科之計然其書究為科舉而作非通經者所尚也

以上見四庫全書總目提要卷三十第三十四頁

玉笥集十卷　浙江鮑士恭家藏本

元張憲撰

憲字思廉，山陰人，家玉笥山，因以爲號。少負才不羈，晚爲張士誠所招，署太尉府參謀，稍遷樞密院都事。元亡後變姓名，寄食僧寺以没。明史文苑傳附載陶宗儀傳末，然二人出處不同，非氣類也。是集卷首有同時楊維楨、周砥、戴良及成化初安成劉釪四序，又孫大雅玉笥生傳一篇，楊基玉笥生傳書後一篇，其平生事狀尚畧具梗概。憲早歲入元都，所作紅騮馬歌、酬海一漚諸篇皆在集中，奇氣鬱勃，頗有志於功名。後從淮張之招，非其本願，故其枕上感興詩云：「拓疆良在念，擇木詎忘醜。」嘉猷固久抱，忠憤欲誰展。蓋初同王粲之依劉，晚類韋莊之仕蜀，亦自

知所託非人而貧賤銜恩不能自拔讀其詞可以知其志矣憲

學詩於楊維楨維楨許其獨能古樂府今集中樂府琴操凡五

卷皆頗得維楨之体其他感時懷古諸作類多磊落骯髒豪氣

坌涌詩末間附評語蓋亦維楨所點定云

以上見四庫全書總目提要卷一百六十八

南湖集七卷 浙江鮑士恭家藏本

元貢性之撰

性之字友初鯀田詩話作有初未詳孰是也宣城人尚書師泰之族子元季以胄子除簿尉後補閩省理官洪武初徵録師泰後人大臣以性之薦性之避居山陰更名悅其從弟仕於朝者迎歸金陵宣城俱不往躬耕自給以終其身其集名曰南湖雖仍以宣城祖居為目實則没於浙東終未歸也集中題畫馬詩云記得曾陪仙仗立五雲深處隔花看題葡萄詩云憶騎官馬過灤陽馬乳纍纍壓架香蓋惓惓不忘故國又題墨菊詩曰柴桑生事日蕭然解印歸來只自憐醉眼不知秋色改看花渾似隔輕烟題陶靖節像曰解印歸來尚黑頭風塵吹滿故園秋一

生心事無人識剛道逢迎愧晉鄙其不事二姓之意尤灼然可見貢欽作是集序曰會稽王元章善畫梅得其畫者無貢南湖題詩則不貴重故集中多咏梅詩嘗題絶句云王郎胸次亦清奇盡寫孤山雪後枝老我江南無俗事為渠日日賦新詩又云王郎日日寫梅花寫徧杭州百萬家向我題詩如索債詩成羸得世人誇其他題畫之作尤多蓋人品既高故得其題詠則縑素為之增價有不全繫乎詩者鍊田詩話稱其吳山游女及送戴伯貞之廣西兩篇未足以盡性之也

以上見四庫全書總目提要卷一百六十八

東維子集三十卷附録一卷　浙江孫仰曾家藏本

元楊維楨撰

維楨有春秋合題著說已著録此其初刊詩文集也維楨以詩文奇逸凌跨一時此編乃録文二十八卷詩僅兩卷又以雜文大篇足之蓋以文爲主詩特附行耳朱國楨湧幢小品載王彝嘗詆維楨爲文妖今觀所傳諸集詩歌樂府出入於盧仝李賀之間奇奇怪怪溢爲牛鬼蛇神者誠所不免至其文則文從字順無所謂翦紅刻翠以爲塗飾聱牙棘口以爲古奧者也觀其於句讀疑似之處必旁注一句字使讀者無所歧誤此豈故爲險僻欲使人讀不可解者哉其作鹿皮子文集序曰盧殷之文凡千餘篇李礎之詩凡八百篇樊紹述著樊子書六十卷雜詩

文凡九百餘篇今皆安在哉非其文不傳也言靡義淫非傳世之器也孔孟而下人樂傳其文者屈原荀況董仲舒司馬遷又其次王通韓愈歐陽修周敦頤蘇洵父子我朝則姚公燧虞公集吳公澄李公孝光凡此十數君子其言皆高而當其義皆奧而通也觀其所論則維楨之文不得概以妖目之矣陶宗儀輟耕録載維楨辨統論一篇大旨謂元繼宋而不繼遼金此集不載此篇未喻其故今恭奉

諭旨補入集內蓋維楨雖反顏吠主罪甚楊雄而其言可採則不以其人廢之仰見聖人衮鉞之公上超萬古非儒生淺見之能窺也

以上見四庫全書總目提要卷一百六十八

鐵崖古樂府十卷樂府補六卷安徽巡撫採進本

元楊維楨撰其門人吳復所編

維楨以樂府擅名此其全帙也樂府始於漢武後遂以官署之名爲文章之名其初郊祀等歌依律製詩横吹諸曲採詩協律與古詩原不甚分後乃声調迥殊與詩異格或擬舊譜或製新題輾轉日增体裁百出大抵奇矯始於鮑照變化極於李白幽豔奇詭别出蹊徑岐於李賀元之季年多效温庭筠体柔媚旖旎全類小詞維楨以横絕一世之才乘其弊而力矯之根柢於青蓮昌谷縱横排奡自闢町畦其高者或突過古人其下者亦多墮入魔趣故文采照映一時而彈射者亦復四起然其中如擬白頭吟一篇曰買妾千黄金許身不許心使君自有婦夜夜

白頭吟與三百篇風人之旨亦復何異特其才務馳騁意務新異不免滋末流之弊是其一短耳去其甚則可欲竟廢之則究不可磨滅也惟維楨於明初被名不肎受官賦老客婦謠以自況其志操頗有可取而樂府補內有所作大明鐃歌鼓吹曲乃多非刺故國頌美新朝判然若出兩手据危素跋蓋聘至金陵時所作或者懼神明祖之羈留故以遜詞脫禍歟然核以大義不止於白璧之微瑕矣

以上見四庫全書總目提要卷一百六十八

復古詩集六卷 編修汪如藻家藏本

元楊維楨撰所載皆琴操宮詞冶春遊仙香奩等作而古樂府亦雜廁其閒乃其門人章琬所編以其体皆時俗所置而不爲故以復古爲名琬序稱輯前後所製者二百首連吳復所編又三百首而今止一百五十二首數不相符或後人已有所删削非完本歟其中香奩諸詩爲他本所不載古樂府諸篇則與鐵崖樂府相複者數十首而稍有異同如石婦操山夫折山花句上樂府本尚有峩峩孤竹岡上有石魯魯二句山頭朝石婦句樂府本作歲歲山頭歌石婦又烽燧曲一首樂府本以上二句作下二句其文互有顛倒又樂府本所載詩題與此本異者如北郭詞之作屋婦詞秦宮曲之作桑陰曲合歡詞之作生合歡

空桑曲之作高樓曲此類不一而足蓋吳復編鐵崖樂府在至正六年琬編此集在至正二十四年相距幾二十載殆維楨於舊稿又有所改定故琬據而録之此當從其定本不當泥其初稾者矣

以上見四庫全書総目提要卷一百六十八

麗則遺音四卷江蘇巡撫採進本

元楊維楨撰

維楨東維子集不載所作古賦鐵崖文集中亦僅有土圭蓮花漏記里鼓車三作而他賦概未之及是集爲賦三十有二首皆其應舉時私擬程試之作乃維楨門人陳存禮所編而刊版於錢塘者至正二年維楨自爲之序其後漸佚不傳明史藝文志中備録維楨著述書目亦無是集之名明末常熟毛晉偶得元乙亥科湖廣鄉試荆山璞賦一册而是集寘附卷末始爲重刻以行其荆山璞賦五首并綴録於後以存其舊元代設科例用古賦行之既久亦復剽竊相仍末年尤甚如劉基龍虎臺賦以場屋之作爲世傳誦者百中不一二也維楨才力富健回飈馳

霆激之氣以就有司之繩尺格律不更而神采迴異遽擬諸詩人之賦雖未易言然在科舉之文亦可云卷舒風雲吐納珠玉者矣

以上見四庫全書總目提要卷一百六十八

輝山存稾一卷浙江鮑士恭家藏本

元蕭國寶撰

國寶字君玉號輝山山陰人流寓吳江其集乃至順二年其嗣子英所編次而孔東濤爲之序稱其詩清新警策句律整嚴然此本所載僅二十四首爲明崇禎閒其裔孫雲程重編疑舊稿散佚雲程掇拾成之故所存止此也書僅五頁不成卷帙已見於顧嗣立元詩選中故不復録焉

以上見四庫全書總目提要卷一百七十四

稗傳一卷　浙江巡撫採進本

元徐顯撰

顯仕履無可考觀其稱王艮為鄉里又稱居平江東城則當為紹興人而寓於姑蘇者也是編紀元末王艮柯九思陳謙葛乾孫潘純陸友王冕王澌楊椿王德元徐文中事後載沈烈婦等十三人敘述頗為詳備中多及丙申二月平江城陷事指張士誠軍為外兵而載已亥紹興被兵事於明人則直斥為寇疑作此書時張氏尚存故其詞如此其敘柯九思之卒在至正癸亥案至正紀年無癸亥而九思之卒实在乙巳蓋此書傳寫誤也

以上見四庫全書總目提要卷六十一第百八頁

紹興縣志採訪稿

戰國策十卷　元至正刊本　陸敕先舊藏

先秦之書惟戰國策最古文最訛舛自劉向校定已病之南豐曾鞏再校亦疑其不可考者後漢高誘爲注宋尚書郎括蒼鮑彪詆其踈畧繆妄乃序次章條補正脱誤時出己論説其用意甚勤愚嘗並取而讀之高氏之踈畧信矣若繆妄則鮑氏自謂也東萊呂子大事記閒取鮑説而序次之世亦或從之若其繆誤雖未嘗顯列而因此考彼居然自見遂益得其詳焉蓋鮑專以史記爲據馬遷之作固采之是書不同者當互相正史安得全是哉事莫大於存古學莫善於闕疑夫子作春秋仍夏五殘文漢儒校經未嘗去本字但云某當某某讀如某示謹重也古書多假借音亦相通鮑直去本文徑加改字豈傳疑存舊之意

紹興縣志采訪稿

哉比事次時當有明徵其不可定知者缺焉可也豈必强為傅會乎又其所引書止於淮南子後漢志説文集韵多摭彼書之見聞不閲本字之當否史注自裴徐氏外索隱正義皆不之引而通鑑諸書亦莫考淺陋如是其致誤固宜顧乃極詆高氏以陳賈為孟子書所稱以代燕為齊宣用是發憤更注不思宣王伐燕乃孟子明文宣閔之年通鑑謂史失其次也鮑以赧王為西周君而指為正統此開卷大誤不知河南為西周洛陽為東周韓非子説秦王以為何人魏惠王盟曰里以為他事以魯連約矢之書為後人所補以魏幾鄢陵為人名以公子牟非魏牟以中山司馬子期為楚昭王卿此類甚多尚安得詆高氏哉其論説自謂翊宣教化則尤可議謂張儀之誑楚齊梁為將死之

徐維則自都門輯錄

善周人詐以免難為君子所恕張登狡獪非君子所排蘇代之詘為不可廢陳軫為絕類離羣蔡澤為明哲保身聶政為孝樂羊為隱忍君王后為賢智婦人韓幾瑟為義嗣衛嗣君為賢君皆悖義害正之甚者其視名物人地之差失又不足論也鮑之成書當紹興丁卯同時剡川姚宏亦注是書云得會稽孫朴所校以閣本標出錢藻劉敞校字又見晉孔衍春秋後語參校補注是正存疑具有典則大事記亦頗引之而世罕傳知有鮑氏而已近時浚儀王應麟嘗斥鮑失數端而廬陵劉辰翁盛有所稱許以王之博洽知其未暇悉數而劉特愛其文采他固弗之察也呂子有云觀戰國之事取其大旨不必字字為據蓋以游士增飾之詞多矯重以訛舛乎　因鮑注正以姚本參之諸書

而質之大事記存其是而正其非庶幾明事蹟之寔求義理之當焉或曰戰國策者六經之棄也子深辨而詳究之何見其戾鮑彪之區區又不足攻也夫人患理之不明耳知至而識融則異端雜説皆吾進德之助而不足以為病也曾氏之論是書曰君子之禁邪説者固將明其説於天下使皆知其不可為然後以禁則齊以戒則明愚有取焉爾是非之在人心天下之公也是雖芻蕘不遺非雖大儒必斥愚何擇於鮑氏哉特寡學謏聞謬誤後恐類之世之君子有正焉固所願也泰定二年歲乙丑八月日金華吳師道序

以上見清歸安陸心源編皕宋樓藏書志卷二十四

徐維則自都門輯錄

保越錄一卷　浙江吳玉墀家藏本

不著撰人名氏載元順帝至正十九年明師攻紹興事是時明將為胡大海禦之者張士誠將呂珍也凡攻三月卒不能下乃還是錄稱士誠兵曰我軍稱珍曰公殆士誠未亡時紹興人所紀其中稱明為大軍及太祖高皇帝字則疑士誠亡後明人傳鈔所改耳紹興自是以後猶保守八年及至正二十六年始歸於明珍亦至是年湖州之敗乃降於徐達雖初事非主晚節不終而在紹興則不為無功矣大海攻紹興挫衄及其縱兵淫掠發宋陵墓諸惡蹟明史皆不載所錄張正蒙妻韓氏女池奴馮道二妻抗節事明史亦皆不書尤足補史傳之遺

紹興縣志採訪稿

以上見四庫全書總目提要卷五十九第九十二頁

書籍二

目録　書籍

路史二卷

古今評録四卷

誠齋雜記

天池祕集十二卷

物原一卷

翰林諸書選粹四卷

祝氏事偶十五卷

史學璧珠十八卷

解莊十二卷

南華簡鈔四卷

臨安集六卷

唐愚士詩二卷附會稽懷古詩一卷

王文成全書三十八卷

青霞集十一卷年譜一卷

劉蕺山集十七卷

讀杜愚得十八卷

質菴文集

恒軒集六卷

南川稾十二卷

陶莊敏集八卷

陽明要書八卷附録五卷

王陽明集十六卷

陽明文鈔二十卷

陽明全集二十卷傳習錄一卷語錄一卷

青湖文集十四卷

海樵先生集二十一卷

金陵覽勝詩一卷

龍谿全集卷二十集

龍谿語錄八卷

期齋集十四卷

徐文長集三十卷

徐文長逸稿二十四卷

元史續編十六卷

併音連聲字學集要四卷

朱少師奏疏八卷

朱襄毅疏草十二卷

督蜀疏草十二卷

兩朝平攘錄五卷

孔孟事蹟圖譜四卷

闕里誌二十四卷

陽明先生浮海傳一卷

鑑湖詩說四卷

讀禮疑圖六卷

廟制考議無卷數
春秋私考三十六卷
蔡氏律同二卷
樂律纂要一卷
四書經學考十卷補遺一卷續考六卷
論語學案十卷
易學四同八卷别録四卷
尺木堂學易誌三卷
詩說解頤四十卷
易經澹窩因指八卷
周易古文鈔二卷

百家論鈔十二卷

吳越錢氏傳芳集二卷

越望亭詩集二卷

海釣遺風集四卷

筆元要旨一卷

玉機微義五十卷

景岳全書六十四卷

素问註證發微九卷

霏雪録二卷

章格菴遺書五卷

不二齋文選七卷

朱文懿文集十二卷

定變錄六卷

皇輿考十二卷

定遠縣志十卷

紹興府志五十卷

雲門志畧五卷

恒嶽志二卷

牧津四十四卷

陽明鄉約法一卷

陽明保甲法一卷

長蘆鹽法志十三卷

救荒事宜一卷

傳習錄略一卷

説理會編十五卷

證人社約言一卷

陣紀四卷

軍權四卷

左略一卷

奕律一卷

孟叔子史發 無卷數

聖學宗要一卷學言三卷

人譜一卷人譜類記二卷

洗心居雅言集二卷

唐碑帖跋四卷

路史二卷　浙江吴玉墀家藏本

舊本題青藤山人撰

青藤山人徐渭别號也渭有筆元要旨已著録渭以才俊名一時然惟書畫有逸氣詩文已幺弦側調不入正声至考證之功益為疎舛是編蓋其雜記之冊王士禛香祖筆記嘗議其不知隃麋為漢縣而妄云唐時高麗貢墨以麋膠和松烟謂之隃麋又云中山酒中山兔毫並是應天府溧水縣非古中山亦出古杜撰今考其書瑣事多據事文類聚訓詁多據洪武正韻故事多據十七史詳節頗為弇陋甚至檀弓之髽指為喪冠月令之大酋指為周禮以豎季江為江季以寒具為寒食之具種種臆談不可枚舉至云劉歆字子駿向之少子亦記為異聞則更無

謂矣

以上見四庫全書總目提要卷一百二十八

古今評録四卷　浙江巡撫採進本

明商維濬撰

維濬字初陽會稽人世所傳商氏稗海即所輯也是書皆借古事立論不出明季纖巧之習間有考證每多疏舛如論以船量物事謂苻子所紀燕昭王稱冢事在曹蒼舒稱象之前不知苻子爲苻朗所撰朗秦王堅之姪也其書今已佚惟見類書所引如闔龍逢諫桀齊景公好馬之類皆假借古人爲寓言並無事實維濬徒知燕昭王在蒼舒前而不知朗在蒼舒後殊爲失考其膚淺率此類也

以上見四庫全書總目提要卷一百二十八

誠齋雜記　内府藏本

舊本題元林坤撰

前有永嘉周達卿序稱坤字載卿會稽人曾官翰林所著書凡十二種此乃其一誠齋坤所自號也作序年月題丙戌嘉平不署紀元書中引聶碧窗詩與古人並列聶爲元初道士則是書在後矣中皆標掇各家小說餖飣割裂而不著出典如崑崙奴磨勒一事分於五處載之其弇陋可知也

以上見四庫全書總目提要卷一百三十一

天池祕集十二卷，直隸總督採進本

舊本題明徐渭編

武林孫一觀校棠渭嘉靖中人有筆元要旨已著録是編所載如葉向高陳繼儒之類皆在其後渭安得見其詩文蓋即一觀所輯僞託於渭也其書体例駁雜標目詭異前六卷為總集一曰韻萃諸体詩也二曰調隽詞也三曰籟叶樂府歌行也四曰華麗華賦也五曰筆華雜文也六曰志林傳也後六卷為小說一曰談芬清言也二曰曠述雜事也三曰諧史詼嘲語也四曰別紀誌怪也五曰致品分良辰美景賞心樂事四子目六曰清則分花典香禪茗談觴政四子目皆明季山人強作雅態之語四庫之中無類可入以其雜出不倫附之雜家類焉

以上見四庫全書總目提要卷一百三十二

物原一卷 兩淮馬裕家藏本

明羅頎撰

頎字儀甫浙江山陰人以宋高承事物紀原不能黜妄崇真故更訂此編分十八門共二百三十有九條然紀原猶著出典頎乃涸衆說而一之疎舛彌甚如謂烏孫公主作琵琶張華作苔紙皆茫乎不知本事者也

以上見四庫全書總目提要卷一百三十七

紹興縣志採訪稿

翰林諸書選粹四卷内府藏本

明張元忭撰

元忭有紹興府志已著録是書採掇諸子之語分編二十五類其第四卷臣道類外又分吏户禮兵刑工六科門目殊嫌冗雜

以上見四庫全書總目提要卷一百三十八

紹興縣志採訪稿

祝氏事偶十五卷浙江巡撫採進本

明祝彥撰

彥字元美山陰人萬歷癸酉舉人其書取史傳所載古今事蹟之相同者倣世說新語門目分條徵引以類相從舊目所不該者復分天地人三部以隸其後自序稱因見余寅同姓名録而作蓋彼以名同而此以事同義相彷而例則各殊大致與後來方中德古事比約畧相似而不及其精密每條後間綴評語詞意儇薄獮爲畫蛇之足

以上見四庫全書總目提要卷一百三十八

史學璧珠十八卷 浙江巡撫採進本

明錢應充撰

應充字子美紹興人萬歷中貢生是書分類隸事以坊本綱鑑為主而稍摭類書附益之皆集為偶句以便剽襲冠以歷代帝王歌括中分天地災祥君道臣道倫理品論吏部戶部禮部兵部刑部工部人身德惡人事官職物類十七門又分子目三百二十五如以心學屬之禮部不知其何取又品論門中有何如一目尤從古類書所未聞自序言書成之日夢一神人幞頭皁袍自稱侍制包某以其褒貶合義特來勞之又言作序之日五星聚奎語皆謬妄即其書可知也

以上見四庫全書總目提要卷一百三十八

解莊十二卷內府藏本

明陶望齡撰

望齡字周望號石簣會稽人萬曆癸丑進士官至國子監祭酒

謚文簡事蹟附見明史唐文獻傳是編僅寥寥數則鉌安茅兆

河取與郭正域所評合刻之均無所發明

以上見四庫全書總目提要卷一百四十七

紹興縣志采訪稿

南華簡鈔四卷　浙江巡撫採進本

清國朝徐廷槐撰

廷槐字立三號笠山會稽人雍正庚戌進士是編於莊子内篇全録其文外篇雜篇頗有刊削漁父盗跖讓王説劒之屬則全篇删之每篇各爲詳註其論文論理純以妙悟不測爲宗大抵原本禪機自矜神解也

以上見四庫全書總目提要卷一百四十七

臨安集六卷　永樂大典本

明錢宰撰

宰字子予一字伯均會稽人元至正中中科甲親老不赴公車教授於鄉明初徵修禮樂書尋以病去洪武六年授國子助教以賦早朝詩忤旨遣歸二十七年又召修書傳會選書成優賚加博士致仕事蹟附見明史趙俶傳考集中金陵形勝論末署洪武二十七年六月國子博士致仕錢宰進是致仕即在奉召之年蓋留京師者不及一歲也宰學有原本在元末已稱宿儒韓宜可唐之淳皆其弟子其詩吐辭清拔寓意高遠刻意古調不屑為豔冶之体徐泰詩談譬以霜曉鯨音自然洪亮古文雖非所擅長而謹守法度亦無卑冗之習集其集明史藝文志焦

竑國史經籍志俱未著録則在明代行世已稀今從永樂大典中採掇編排參以諸選本所録釐爲六卷以備明初之一家宰本浙東人集以臨安名者蓋自以爲吳越武肅王十四世孫從其舊貫也

以上見四庫全書總目提要卷一百六十九

唐愚士詩二卷附會稽懷古詩一卷　江蘇巡撫採進本

明唐之淳撰

之淳字愚士亦以字行山陰人肅之子也建文初詔詞臣修鑑戒錄方孝孺薦之授翰林院侍讀與孝孺同領書局卒於官明史文苑傳附載王行傳中徐禎卿翦勝野聞載明太祖以布囊貯之淳夜越宮牆入便殿點竄十王冊文一事其事荒誕不經殆委巷小人因之淳文思敏捷造是妄語張芹遺忠錄稱洪武中有薦之者謝不就曹國公李景隆俾其子師焉征行四方皆與俱歷燕薊秦周覽前代遺蹟援筆而賦凌轢一時考明史李文忠傳景隆以洪武十九年襲封曹國公不載其北征事惟馮勝傳載洪武二十年與傅友德藍玉趙庸等北征常茂李景隆

鄧鎮皆從是年歲在丁卯與集中寓寧軒記所載洪武丁卯相合當即其時也是集僅其丁卯戊辰二年所作似非完本又詩文相當閒成編而總題曰詩亦非体例疑當日雜録手稾存此一帙後人因鈔傳之故編次叢雜如此歟其詩雖未經簡汰金礫並存而氣格質實無元季纖穠之習其塞外諸作山川物產尤足以資考核會稽懷古詩一卷乃其少作凡五言古詩三十首題下各有小序仿阮閱曾極張堯同之例其中如舜廟不取地志耕象之說禹廟不取禹穴藏書之說皆為有識此卷本於集外別行然篇頁寥寥今綴於集後末附長洲戴冠和詩三十首大抵湊泊成篇不及之淳原唱以舊本所有姑亦並存焉

以上見四庫全書總目提要卷一百七十

王文成全書三十八卷　浙江巡撫採進本

明王守仁撰

守仁有陽明鄉約法已著録是書首編語録三卷爲傳習録附以朱子晚年定論乃守仁在時其門人徐愛所輯而錢德洪刪訂之者次文録五卷皆雜文别録十卷爲奏疏公移之類外集七卷爲詩及雜文續編六卷則文録所遺搜輯續刊者皆守仁殁後德洪所輯次後附以年譜五卷世德記二卷亦德洪與王畿等所纂集也其初本各自爲書隆慶壬申御史新建謝廷傑巡按浙江始合梓以傳仿朱子全書之例以名之蓋當時以學術宗守仁故其推尊之如此守仁勳業氣節卓然見諸施行而爲文博大昌達詩亦秀逸有致不獨事功可稱其文章自足傳

世也此書明末版佚多有選輯別本以行者然皆闕略不及是

編之詳備焉

以上見四庫全書總目提要卷一百七十一

青霞集十一卷年譜一卷　浙江巡撫採進本

明沈鍊撰

鍊字純甫會稽人嘉靖戊戌進士除溧陽知縣後官錦衣衛經歷疏論俺荅請貢事並劾嚴嵩廷杖謫戍復為嵩黨路順搆入蔚州妖人閻浩案中棄市天下寃之隆慶初贈光禄寺少卿天啟初追謚忠愍事蹟具明史本傳是編本文三卷賦一卷詩三卷論草兵説尺牘四卷合十一卷自十二卷至十六卷則年譜事紀祠記前有茅坤序及鍊子襄刻集紀原襄言方鍊被禍時籍其家燬其著述又榜禁毋許藏匿副本是編蓋襄所口誦而心記者然人子即能讀父書不應字句無譌至十一卷之夥此必别有藏本不欲實言之耳其文章勁健有氣詩亦鬱勃磊落

肖其為人以詞藻論雖不及鈴山堂集之工然嵩集至使天下不欲讀當時為作集序者如湛若水諸人至以為文章之玷而誦鍊集者至今肅然起敬此則流芳遺臭視所自為人心是非之公有不知然而然者矣今録其原本集十一卷而以年譜一卷附之至鍊之事蹟彰彰史册日月爭光不假後人之表章其贊記諸作則槩從删薙焉

以上見四庫全書総目提要卷一百七十二

劉蕺山集十七卷國子監助教張義年家藏本

明劉宗周撰

宗周有周易古文鈔已著録講學之風至明季而極盛亦至明季而極弊姚江一派自王畿傳周汝登汝登傳陶望齡陶奭齡無不提唱禪機恣為高論奭齡至以因果立説全失儒家之本旨宗周雖源出良知而能以慎獨為宗以敦行為本臨没猶以誠敬誨弟子其學問特為篤實東林一派始以務為名高繼乃釀成朋黨小人君子雜糅難分門户之禍延及朝廷馴至於宗社淪亡勢猶未已宗周雖亦周旋其間而持躬剛正憂國如家不染植黨爭雄之習立朝之日雖少所陳奏如除詔獄汰新餉招無罪之流亡恩義拊循以收天下泮渙之人心還内廷掃除

之職正儒卸失律之誅諸疏皆切中當時利弊一阨於魏忠賢再阨於温体仁終阨於馬士英而薑桂之性介然不改卒以首陽一餓日月爭光在有明末葉可稱皦皦完人非依草附木之流所可同日語矣是集為乾隆壬申副都御史雷鋐所刊冠以人譜學言諸書至第八條卷乃為奏疏然諸書本自别行且宗周所著亦不止於此摘録數種殊為挂漏今並删除惟以奏疏以下十七卷勒為一編而他書則仍别著録焉

以上見四庫全書總目提要卷一百七十二

讀杜愚得十八卷 通行本

明單復撰

復字陽元會稽人千頃堂書目作嵊縣人洪武中為漢陽河泊官又云一名復亨舉懷才抱德科授漢陽知縣傳聞異詞未詳孰是是編前有宣德九年黃淮序稱楊士奇得其本於湖湘以授江陰朱善慶兄弟刻之考黃伯思東觀餘論稱嘗擬杜詩編年集則編年寔始自伯思其本今已不傳後魯訔黃鶴諸家穿鑿字句鉤稽歲月率多未安是編冠以新定年譜亦未免附會其箋釋典故皆剽掇千家註無所考證註後隱括大意略為訓解亦循文敷衍無所發明至每篇仿詩傳之例註興也賦也比也字尤多所牽合矣 以上見四庫全書總目提要卷一百七十四

紹興縣志採訪稿

質菴文集　無卷數　浙江汪啟淑家藏本

明章敞撰

敞字尚文會稽人永樂甲申進士由庶吉士授刑部主事官至禮部侍郎嘗與修永樂大典及五經四書性理大全事蹟具明史本傳其集本四十卷其子瑾等所編因倭亂散失茲編所存不及十之二三乃其裔孫元綸所蒐輯也凡賦四篇詩百餘首文僅三篇二篇為記一篇為敘又一篇併不標題皆錯雜於詩中殊無倫次又明詩綜載敞長安雪夜隸興絕句集中無之則舛漏亦殊不少末附錄祝壽詩一卷亦非古法也

以上見四庫全書總目提要卷一百七十五

紹興縣志採訪稿

恒軒集六卷　浙江汪啟淑家藏本

明韓經撰

經字本常山陰人宋太尉琦之十二世孫以行誼稱於鄉里屢徵不出家居教授以終是集爲其子監察御史陽所編凡古体詩二卷近体詩四卷語多質直主於抒寫己意而止非屑屑以文字求工者也

以上見四庫全書總目提要卷一百七十五

南川稾十二卷浙江汪汝瑮家藏本

明陶諧撰

諧字世和號南川會稽人宏治丙辰進士改庶吉士授工科給事中以忤劉瑾逮訊謫戍肅州後起江南按察司僉事官至兵部侍郎總督兩廣軍務謚莊敏事蹟具明史本傳是編分爲十集曰西行稾北上稾洪都稾十州稾再北上稾題贈稾行臺稾草堂續稾北遊稾餘閒稾各一卷雜著奏疏二卷正德三年劉瑾所矯示姦黨敕諭一道及諧下獄自辨一疏亦附載於末蓋其初刻之本後乃重編爲莊敏集也

以上見四庫全書總目提要卷一百七十六

陶莊敏集八卷附蘭渚遺稾一卷　江蘇巡撫採進本

明陶諧撰

是集凡詩六卷文二卷據諧自序但自録其詩雜著奏疏蓋其後人所續入後附蘭渚遺稾則其孫尚寶司丞允淳所撰也諧以風節震一世詩文直抒胸臆明白坦易不甚鎔鑄剪裁允淳詩亦淺弱而同日册六妃四絶句尤乖立言之体以詩家之法言之不當如是徑直以臣子之禮言之亦不容如是褻媟也

以上見四庫全書總目提要卷一百七十六

紹興縣志采訪稿

陽明要書八卷附録五卷浙江巡撫採進本

明王守仁撰葉紹容編

守仁有保甲法已著録紹永吴江人是書成於崇禎乙亥取守仁全書摘其要語前有小序八首及凡例四條皆著其删纂之大意浙江通志載宋儀望輯陽明文粹十一卷王畿輯陽明文選八卷而無此書之名蓋偶未見也

以上見四庫全書總目提要卷一百七十六

王陽明集十六卷浙江巡撫採進本

明王守仁撰其五世孫貽樂重編

案守仁全集刻於明嘉靖中久而版佚　國朝康熙初貽樂爲

滕縣知縣乃重爲掇拾定爲此本然視原集已闕其半其目分

論學書南贛書平濠書思田書雜著書亦頗瑣屑又因有李贄

所作年譜而遂以卓吾鑒定題其前尤爲依託迥不及原本之

完善也

以上見四庫全書總目提要卷一百七十六

陽明文鈔二十卷江西巡撫採進本

明王守仁撰

是編康熙己巳江都張問達所編以傳習録大學或問爲首奏疏序記諸講學書及論説雜著賦詩公移次之而終以陽明年譜

以上見四庫全書總目提要卷一百七十六

陽明全集二十卷傳習録一卷語録一卷浙江巡撫採進本

明王守仁撰

此本爲康熙中餘姚俞嶙所編删除錢德洪本正録外録别録之目併爲一集更其舊第首載年譜次以書序記説諸体而以傳習録語録附焉

以上見四庫全書總目提要卷一百七十六

青湖文集十四卷浙江巡撫採進本

明汪應軫撰

應軫字子宿浙江山陰人正德丁丑進士官至江西提學僉事事蹟具明史本傳是集為其子延良所編前七卷為文後七卷為詩應軫有吏才兼以氣節著史稱其在戶科歲餘所上凡三十餘疏皆切時弊今觀集中諸奏牘多伉直之言頗見風采詩文則率皆樸寔猶守成宏之舊格

以上見四庫全書總目提要卷一百七十六

海樵先生集二十一卷　安徽巡撫採進本

明陳鶴撰

鶴字鳴野山陰人案浙江通志鶴嘉靖乙酉舉人年十七襲廕紹興衛百户非其志也遂棄官稱山人則亦孤僻之士矣是編賦一卷古体詩四卷近体詩九卷文七卷隆慶丁卯其子以世職莅兵粤東屬南海盧夢陽番禺黎民表校正編次明自中葉以後山人墨客多以詩遨遊公卿閒然有才者纖詭使氣者粗踈体格蕪雜率同一轍朱彝尊詩話稱鶴才鋒雖鈍而鑄詞差醇似比諸家稍勝考盧夢陽序稱其築室飛來山麓閉户伏枕手不釋卷足不下牀者七年蓋卷軸較多故與枵腹枯談者異也其絶句頗為清雋不止彝尊所摘律詩數聯然趁筆而出往

往利鈍亟陳視孫一元太白山人集尚未足旂鼓相當焉

以上見四庫全書總目提要卷一百七十七

金陵覽勝詩一卷　浙江范懋柱家天一閣藏本

明章恩撰

恩字元之山陰人是集刻於嘉靖丙戌皆五七言近体多題咏

名勝之作其所列古蹟如桃花小峴及虎踞關皆志乘所未載

然才力稍弱尚未足以摹寫江山

以上見四庫全書總目提要卷一百七十七

龍谿全卷二十集　兩江總督採進本

明王畿撰

畿字汝中，號龍谿，山陰人。嘉靖壬辰進士，官至兵部武選司郎中。事蹟具明史儒林傳。畿傳王守仁良知之學，而漸失其本旨。如謂虛寂微密是千聖相傳之秘，從此悟入，乃範圍三教之宗。又謂佛氏所說本是吾儒大路，是不止陽儒而陰釋矣。故史稱其雜以禪機，亦不自諱。史又稱載畿嘗言學當致知見性而已，應事有小過不足累，故在官不免干請，以不謹斥。蓋王學末流之恣肆，實自畿始。明史雖收入儒林傳，而稱士之浮誕不逞者，率自名龍谿弟子云云，深著其弊，蓋有由也。是集為其子應斌、應吉所編，凡語錄八卷，書序雜著記說共九卷，詩一卷，祭文誌

狀表傳二卷其門人蕭良榦刊之丁賓又為重鐫而益以大象

義述一卷傳誌祭文一卷

以上見四庫全書總目提要卷一百七十七

龍溪語録八卷浙江巡撫採進本

明王畿撰

是編雖名語録實即畿之文集前有李贄序謂之龍溪集鈔蓋又經贄所品定也合是二人以成此書則書可知矣

以上見四庫全書總目提要卷一百七十七

期齋集十四卷　江蘇巡撫採進本

明呂本撰

本字汝立號南渠又號期齋餘姚人初冒姓李晚乃隸宗嘉靖壬辰進士官至武英殿大學士謚文安本在位不久即遭憂以隸遂不復出家居數十年以亭館花竹之勝擅名一時是編詩四卷文十卷爲其子禮部主事元所編大抵應酬之作仍沿臺閣之体

以上見四庫全書総目提要第一百七十七

紹興縣志採訪稿

徐文長集三十卷 兩江總督採進本

明徐渭撰

渭有筆元要旨已著録陶望齡作渭小傳載渭嘗自言書第一詩二文三畫四今其書畫流傳者逸氣縱橫片楮尺縑人以為寶其詩欲出入李白李賀之閒而才高識僻流為魔趣選言失雅纖佻居多譬之急管幺絃淒清幽渺足以感蕩心靈而揆以中聲終為別調觀袁宏道之激賞知其臭味所近矣其文則源出蘇軾頗勝其詩故唐順之茅坤諸人皆相推挹中多代胡宗憲之作進白鹿前後二表尤世所豔稱其代宗憲謝嚴嵩啟云凡人有疾痛疴癢必求免於天地父母然天地能覆載之而不能起於顛擠父母能保全之而未必如斯委曲伏惟兼德無可

紹興縣志採訪稿

並名名且不能報何為計云云雖身居幕府指縱惟人然使申
謝朝廷更作何語録之於集豈止白圭之玷乎蓋渭本俊才又
受業於季本傳姚江縱恣之派案渭師季本見不幸而學問未明史文苑傳
充声名太早一爲權貴所知遂侈然不復檢束及乎時移事易
侘傺窮愁自知决不見用於時益憤激無聊放言高論不復問
古人法度爲何物故其詩遂爲公安一派之先鞭而其文亦爲
金人瑞等濫觴之始蘇軾曰非才之難處才之難諒矣渭所著
有文長集闕篇櫻桃館集三種鍾瑞先合刻之以成此集又有
商濬所刻題曰徐文長三集者亦即此本前有陶望齡袁宏道
所作二傳宏道以爲一掃近代蕪穢之習其言太過望齡以爲
文長負才性惟不能謹防節目跡其初終蓋有處士之氣其詩

與文亦然雖未免瑕纇咸成其為文長而已是則平心之論也

以上見四庫全書總目提要卷一百七十八

紹興縣志採訪稿

徐文長逸稾二十四卷江蘇周厚堉家藏本

明徐渭撰

此本爲其鄉人張汝霖王思任所同選如末卷所載優人諢吃酸梨偈放鶴圖偈對聯燈謎諸作鄙俚猥雜豈可入之集中鮑照集中載字謎恐非當時舊本未可援以爲例況照詞猶雅不似渭所作摸著無節看著有節兩頭冰冷中間火熱之類也

以上見四庫全書總目提要卷一百七十八

元史續編十六卷浙江汪汝瑮家藏本

明胡粹中撰

粹中名由以字行山陰人永樂中官楚府長史此書大旨以明初所修元史詳於世祖以前攻戰之事而畧於成宗以下治平之迹順帝時事亦多闕漏因作此以綜其要起世祖至元十三年終順帝至正二十八年編年繫月大書分註有所論斷亦隨事綴載全仿通鑑綱目之例然綱目訖五代與此書不能相接其曰續編蓋又續陳桱書也黄虞稷千頃堂書目載有此書十六卷又別出元史評而不著卷數疑當時或析其評語別為一本以行如後漢書贊之例歟其中書法如文宗之初知存泰定太子天順年號而於明宗元年轉削而不紀仍書文宗所改之

天歷二年進退未免無據又英宗南坡之變書及其丞相云云蓋欲仿春秋之文而忘其嘗爲内辭亦劉知幾所謂貌同心異者其他議論雖尺尺寸寸學步宋儒未免優孟衣冠過於刻畫然如謂張世傑奪舟斫港未能决性命於義利之閒謂吴直方勸托克托大義滅親爲不知春秋之義持論亦未嘗不正至於文宗陰謀害兄更能據故老之傳聞揭史家未發之隱尤爲有關於懲戒商輅等修續綱目全取此書爲藍本並其評語亦頗採之至明太祖起兵稱王以後續綱目即分註元年斥其國號而粹中獨大書至正直至二十八年八月而止内外之辭未嘗少紊其持論之公非輅等之所及又宋末二王不予以統亦協其平鄭瑗井觀瑣言乃曰胡粹中元史續編又下於陳桱續編

德祐北遷閩廣猶立宗之統緒猶未絶也乃遽抑景炎祥興之年於分書非綱目書蜀漢東晉之例云云何其偏歟

以上見四庫全書總目提要卷四十七第百二頁

併音連聲字學集要四卷 浙江巡撫採進本

不著撰人名氏明萬曆二年會稽陶承學得此書於吳中屬其同邑毛曾刪除繁冗以成是編承学自爲之序其書併上下平爲二十二部以上去入三聲分隸平聲之下併畧爲箋釋字義前列切字要法刪去羣疑透牀禪知徹孃邪非微匣十二母又增入勤逸歎三母葢以勤當羣以逸当疑以歎當透而省併其九母又無說以申明之殊爲師心自用承学序乃擬爲徐鍇說文韻譜與李燾說文五音譜作者刪者尙刻者均可謂漫無考證矣

以上見四庫全書總目提要卷四十四第六十一頁

紹興縣志採訪稿

朱少師奏疏八卷（兩江總督採進本）

明朱爕元撰

此編為其曾孫世衛所重刊冠以倪元璐所撰行狀及劉宗周所撰墓誌銘末有世衛跋稱爕元奏疏原鐫成二十四卷（案此即以督蜀疏草十二卷朱襄毅疏草十二卷合而計之非別有二十四卷之本）以版留家塾又別鈔一百三十餘疏合蜀事紀畧共為一帙其蜀中疏草刪為四卷黔中疏草刪為三卷蜀事紀畧又自為一卷冠於蜀中疏草之前

以上見四庫全書總目提要卷五十六第七十二頁

朱襄毅疏草十二卷　浙江巡撫採進本

明朱燮元撰

是書皆其總督雲貴時論平定諸苗奏疏與督蜀諸疏始末均具明史本傳中其事蹟委曲年月先後則較史為詳

以上見四庫全書總目提要卷五十六第七十二頁

督蜀疏草十二卷 浙江巡撫採進本

明朱燮元撰

燮元字懋和浙江山陰人萬歷壬辰進士歷官兵部尚書總督四川貴州軍務晉左柱國少師謚襄毅事蹟具明史本傳燮元久膺閫寄歷樹邊功威望著於西南史稱其治事明果軍書絡繹不假手幕佐此編乃其總督四川時經理苗疆事宜及舉劾僚屬諸疏其曾孫人龍校刻者也

以上見四庫全書總目提要卷五十六第七十二頁

兩朝平攘録五卷　浙江巡撫採進本

明諸葛元聲撰

元聲會稽人是書凡紀五大事考明史載隆慶五年三月己丑封諳達為順義王六月甲寅順義王諳達貢馬告廟受賀丙辰諳達執趙全餘黨十三人來献此書卷一紀其事又萬歷元年九月丙戌四川都掌蠻平此書卷二紀其事又萬歷二十年三月戊辰寧夏致仕副總兵哱拜殺巡撫党馨副使石繼芳據城反壬申總督魏學曾討寧夏賊秋七月以葉夢熊代之九月壬申寧夏賊平十一月壬辰御午门受寧夏俘此書第三卷紀其事又萬歷二十年五月倭犯朝鮮二十一年正月李如松攻倭於平壤克之四月倭使小西飛納欵二十四年九月平秀吉復

攻朝鮮二十六年十二月總兵官陳璘破倭於乙山朝鮮平此書第四卷紀其事又萬歷二十五年七月楊應龍叛掠合江綦江二十八年二月李化龍帥師分路進討播州六月克海龍囤楊應龍自縊播州平是書第五卷紀其事卷首有萬歷丙午商濬序考丙午為萬歷三十四年則元聲之成是書得之目睹為多也

以上見四庫全書總目提要卷五十四第四十九頁

孔孟事蹟圖譜四卷　浙江汪啟淑家藏本

明季本撰

本有易學四同已著録是書前說後譜於孔孟事实頗有考核如云孔子未嘗至楚見昭王孟子先至齊而後梁此一二條皆有所見然其餘大抵習聞者多

以上見四庫全書總目提要卷五十九第九十三頁

闕里誌二十四卷　浙江汪啟淑家藏本

明陳鎬撰

孔允植重纂鎬會稽人成化丁未進士官至右副都御史巡撫湖廣允植孔子六十五世孫襲封衍聖公闕里向無志乘僅有孔庭纂要祖庭廣記諸書宏治甲子重修闕里　孔廟成李東陽承命致祭時鎬為提學副使因屬之編次成志崇禎中允植重加訂補是為今本以圖像禮樂世家事蹟祀典人物林廟山川古蹟恩典弟子譔述藝文分類排纂而編次冗雜頗無體例如歷代誥敕御製文贊不入追崇恩典志而另為提綱碑記本藝文中一類乃別增譔述一门均為繁複

以上見四庫全書總目提要卷五十九第九十三頁

陽明先生浮海傳一卷　浙江巡撫採進本

明陸相撰

相字良弼餘姚人宏治癸丑進士官至長沙府知府是書專紀王守仁正德初謫龍場驛丞道經杭州為姦人謀害投水中因飄至龍宮得生還之事說頗詭誕不經論者謂守仁多智數慮劉瑾追害故棄衣冠偽託投江而實陰赴龍場故王世貞史乘考誤嘗力辨此事為不實而同時楊儀高坡異纂亦載此事與相所紀畧同蓋文人之好異久矣

以上見四庫全書總目提要卷六十第一百頁

紹興縣志采訪稿

鑑湖詩說四卷 江蘇周厚堉家藏本

明陳元亮撰

元亮字寅倩山陰人是書乃鄉塾講章其凡例有十曰尊經曰從註曰存序曰辨俗曰標新曰考古曰博物曰章旨曰節解曰集說其所取裁不出永樂大全諸書

以上見四庫全書總目提要卷十八第五十二頁

讀禮疑圖六卷 兩江總督採進本

明季本撰

本有易學四同已著録是書辨論周禮賦役諸法祖何休林孝存之說以爲戰國策士之所述前三卷以其疑周禮者爲圖辨之後三卷依據孟子立斷因及後代徭役軍屯之法論其得失大旨主於輕徭薄賦其意未始不善其說亦辨而可聽然古今時勢各殊制度亦異有不得盡以後世情形推論前代者至其牽合魯頌公車千乘公徒三萬則欲改小司徒四井爲邑四邑爲丘四甸爲縣四縣爲都之文謂四當作五又增四都爲同一語則更輾轉竄亂矣蓋本傳姚江之學故高明之過其流至於如斯也

紹興縣志采訪稿

以上見四庫全書總目提要卷二十三第八十八頁

所聞非公論也其中如正月之斗柄縣在下五月之菽糜將閑諸則九月之辰繫于日十一月之于時月也萬物不通皆宜爲經文而誤列於傳其正月之始用暢乃以解初歲祭耒明用暢以祭自此始宜爲傳文而誤列於經皆爲未允然大戴之學治之者稀小正文句簡奧尤不易讀崧卿獨稽核舊文得其端緒俾讀者有徑之可循固考古者之所必資矣

以上見四庫全書總目提要卷二十二第八十一頁

廟制考議無卷數　浙江巡撫採進本

明季本撰

本有易學四同已著録是書總論凡七義附録七十七圖其中如謂天子五廟周加文武二世室乃七廟其説主鄭康成注惟書咸有一德稱七世之廟可以觀德則似商以前已有七廟無以為解乃謂自太甲逆溯至相土為七世所謂七世之廟專指相土今考魯語曰商人禘舜而祖契郊冥而宗湯將觀列祖之德何遠不及契近不及湯而獨舉相土又考殷本紀相土以下曰昌若曰曹圉曰冥曰振曰微曰報丁曰報乙曰報丙曰主壬曰主癸曰湯曰太丁曰太甲自太甲逆溯至相土十四世而本謂太甲上溯相土為七世其説舛謬蓋緣偽古文尚書之言七

廟致生穿鑿不知呂氏春秋引商書實作五世之廟無庸如是牽合也本又謂禘非審諦昭穆惟有功德而廟不毀者則當禘於所出之祖廟而以受命之祖配之長發之詩小序曰大禘也而述契及相土以至於湯是特審諦其賢君而以湯配也今考魯語曰上甲微能帥契者商人報焉祭法曰冥勤其官而水死以死勤事則祀之自湯以上雖微冥得永列祀典而未聞商人列諸不毀之廟今本謂相土有功德而廟不毀擬於三宗殊為疎舛况相土本在毀廟之列而長發為大禘之詩得及相土則毀廟未毀廟之主皆得與矣此正可以折本之說而本反引以為難乎至謂公劉太王王季廟皆不當毀不特文武則益不經矣本又斥朱子考妣同祫之說謂禘祫男主得入女主不得入

故周公營洛邑特立文武廟父子同廟而其廟無妣主今考春秋僖八年秋七月禘于太廟用致夫人左氏傳曰禘而致哀姜焉非禮也凡夫人不薨于寢不殯于廟不赴于同盟不祔于姑則弗致也據此則夫人薨于寢殯于廟赴于同盟祔于姑者皆得以禘致太廟矣何得云妣主不得與于禘祫乎祭統鋪筵設同几為依神也鄭註同之為言詷也祭者以其妃配亦不特几也據此則凡祭皆有配明矣洛誥烝祭歲文王騂牛一武王騂牛一又曰王入太室祼孔傳曰王賓異周公殺牲精意以享文武皆至其廟親告也據云皆至其廟則祭文武別廟可知本何得云父子同廟雝詩序禘太祖也鄭箋太祖謂文王而其詩曰既右烈考亦右文母則明以文母配也本又何得謂洛邑之文

廟獨無文毋乎本又謂七廟之制太祖居中昭不必居左穆不必居右古人以右為尊當於配也太祖廟之東平行以次而東為四親廟今考廟以昭穆為左右雖不見於經然考周禮冢人曰先王之葬居中以昭穆為左右注曰昭居左穆居右夾處東西則昭穆分左右之明證也故賈疏即以墓之昭穆推廟之昭穆今本謂廟之昭穆皆在祖廟之中又何以解於墓之昭穆別左右乎又考匠人曰左祖右社賈疏引祭義注云周尚左又考桓二年取郜大鼎于宋納于太廟何休云文家左宗廟尚尊據此則於王宮之外立祖廟與社稷既尚左而立祖廟冉羣廟則又尚右何同一地而所尚頓異耶真無據之談也本又謂禘祫在太廟容主多則太廟宜大高祖以下羣廟僅容考妣足矣故其制

小周禮祭僕言小喪復於小廟隸僕言大喪復於小寢大寢是也今考閔二年夏五月乙酉吉禘于莊公定八年冬十月辛卯禘于僖公則春秋禘祭有於羣廟者矣而未見羣廟之不容多主則亦未見羣廟之必小於太廟也周禮言小寢大寢小廟非以規制之大小言特以尊卑言耳故鄭注但云高祖以下高祖以上考工記曰廟門容大扃七个于凡廟之門同可以知凡廟之室亦同矣而何大小之別乎本又不信商祖契周祖后稷今考周語明云我太祖后稷之所經緯也祭法明云祖契而宗湯而本不信之尤荒經蔑古之甚矣其論歷代廟制若謂漢光武但當立高祖舂陵節侯以上四世廟不當為宣元成哀立廟則明世宗明倫大典之說時勢所牽又當別論者也前明三禮之

學本最著稱後世儒者往往承其謬說故舉其最誤者辨之庶
可得其是非之實焉
以上見四庫全書總目提要卷二十五第百四頁

春秋私考三十六卷　浙江汪啟淑家藏本

明季本撰

本有易學四同已著録本不信三傳故釋經處謬戾不可勝舉如言惠公仲子非桓公之母盜殺鄭三卿乃晉人使刺客殺之晉文公歸國非秦伯所納諸如此類皆無稽之談夫孫復諸人之棄傳特不從其褒貶義例而已程端學諸人之疑傳不過以所記為不實而已未有於二千餘年之後杜撰事蹟以改易舊文者蓋講學家之恣横至明代而極矣

以上見四庫全書總目提要卷三十第三十六頁

蔡氏律同二卷　浙江吳玉墀家藏本

明蔡宗兗撰

宗兗字我齋山陰人正德丁丑進士官興化府教授是書以本性稽數候氣三篇為上卷以文聲協律制器正度量權四篇為下卷其稽數所據史記生鍾分演為圖說皆人所同有其以古人半律当元定蔡氏變律不如仍古人之名為是其謂變律之不必增設亦似有所見而未盡其與文聲一篇不用二變古亦有此論驗之於今南曲如此北曲則必有二變矣皆其宮調之乙凡二字也至謂五聲則有二變如樓之梯堂之階則殊未協又以疊字散聲之說而當二變則益不合矣制器篇皆古人樂書中所有而漏畧未全正度之理而特以方圓句股之說隱其

立法之根故永有所不覺耳

以上見四庫全書總目提要卷三十八第十一頁

樂律纂要一卷。兩淮馬裕家藏本

明季本撰

本有易學四同已著錄是書凡十三篇其論聲氣之源欲舍古尺而治以耳亦不甚取候氣之法其論律管圍徑頗以祖沖之密率爲疑胡瑗三分四釐六毫有奇之說其論黃鍾生十一律以蕤賓生大呂非本法其論十二律寸法以六變律補鍾律解之謬其論正變倍半駁但用四清聲之非其論五聲相生不取沈括筆談論二變聲不取杜佑通典後附趙彥肅所傳開元詩譜十二章則舊文也本承姚江之學派其持論務欲掃滌舊文獨標心得亟於論禮論樂亦皆自出新裁一知半解雖不無可取而大致不根於古義觀其自序亦言無所師承以意考究而得

之也

以上見四庫全書總目提要卷三十八第十一頁

四書經學考十卷補遺一卷續考六卷　江蘇周厚堉家藏本

四書經學考明徐邦佐撰續考陳鵬霄撰邦佐字孟超錢塘人鵬霄字天羽山陰人經學考成於崇禎戊辰雜鈔故實疎漏實甚續考成於甲戌又皆時文評語講章瑣説而題曰經考未詳其義然坊刻陋本亦不足以究詁也

以上見四庫全書總目提要卷三十七第九十八頁

論語學案十卷　浙江巡撫採進本

明劉宗周撰

宗周有周易古文鈔已著録宗周講學以慎獨為宗故其解為政以德及朝聞道章首揭此旨其傳雖出姚江然能救正其失其解多聞擇善多見而識章有云世謂聞見之知與德性之知有二予謂聰明睿知非性乎睿知之體不能不窮於聰明而聞見啟焉今必以聞見為外而欲隳明黜聰求睿知并其睿知而槁矣是隳性於空而禪學之詖柄也其鍼砭良知之末流最為深切其解性相近章謂氣質還他氣質如何扯著性性是就氣質中指點義理者非氣質即為性也雖與朱子之說稍異然亦頗分明不苟蓋宗周此書直抒己見其論不無純駁然要皆抒

所實得非剽竊釋氏以説儒書自矜爲無上義諦者也其解見危致命章曰人未有錯過義理関而能判然於生死之分者卒之明社既屋甘蹈首陽之一餓可謂大節皭然不負其言矣與其爲孫永澤又何如爲劉宗周乎

以上見四庫全書總目提要卷三十六第八十八頁

易學四同八卷別錄四卷 浙江巡撫採進本

明季本撰

本字明德山陰人正德丁丑進士官至長沙府知府是編以四同為名蓋以朱子本義首列九圖謂有天地自然之易有伏羲之易有文王之易有孔子之易四者不同本極以其說為不然故以四同標目亦閒有闡發然其大旨乃主於發明楊簡之易以標心學之宗則仍不免墮於虛渺至於祖歐陽修之說以繫辭為講師所傳非孔子所作故多割裂經文從吳澄所定之本上傳第七章易其至矣乎五字刪子曰二字屬易簡之善配至德以下第八章聖人有以見天下之至賾至擬議以成其變化九十五字謂前五十六字重出後三十五字移并於第十二章

鳴鶴在陰七節及古本十二章易曰自天祐之五十一字與下
傳古本第五章合乾坤文言另歸一卷附繫辭之後下傳失乾
確然示人易矣三節分為二章天地之大德曰生一節合第十
章將叛者其辭慙為第三章雜卦末大過顛也一節本亦以卦
不反對從吳澄所採蔡本為定考澄說多可取而其謬則在於
改經原為瑕瑜並存本之理不及澄而改經則效之益無取矣
其別録則為圖文餘辨二卷分内外二篇内篇辨朱子九圖之
誤其論後天圖非文王所作是矣至謂先天圓圖亦尚有可疑
則仍糾繞於圖之中不能確定也外篇雜論術數之數如皇極
經世易林京房易傳火珠林太元潛虛洪範九九數參同契之
類皆辨之至於梅花數亦與詰難則泛濫矣又著法別傳二卷

自序謂發明蓍法本旨者定爲占辨占例占戒占斷合卜筮論爲内篇若象占取應於易詞之中物類增分於易象之外及以己意斷占有驗而非出於易理之自然者爲外篇朱彝尊經義考云二書各一卷此本乃各二卷或刊本誤二字爲一字彝尊又載古易辨一卷此本無之則當由脱佚矣

以上見四庫全書總目提要卷七第四十九頁

尺木堂學易誌三卷　山西巡撫採進本

明馬權奇撰

權奇字巽倩會稽人崇禎辛未進士官兵部主事王亹序稱權奇才高召忌甫闈仕版在繫者數月縶維邸舍者三年後事白歸里因成是編其說皆詮釋大旨不規規於訓詁開引莊子文中子諸說旁及經史禪乘以證之蓋憂患之餘借抒憤懣固不以說經論矣

以上見四庫全書總目提要卷八第六十二頁

詩説解頤四十卷兩淮鹽政採進本

明季本撰

本有易學四同已著録是書凡總論二卷正釋三十卷字義八卷多出新意不肎剿襲前人而徵引該洽亦頗足以自申其説凡書中改定舊説者必反覆援據明著其所以然如以南山篇之必告父母句為魯桓告父母之廟九罭篇之公歸不復句謂以鴻北向則不復為興下泉篇之郇伯為指郇之緦封者而言皇父卿士章謂以寵任為先後故崇卑不嫌雜陳頍弁篇之無幾相見句為兄弟甥舅自相謂如斯之類皆足於舊説之外備説詩之一解雖間傷穿鑿而語率有徵尚非王學末流以狂禪解經者比也存此一編使知姚江立教之初其高足弟子研求

經傳考究训詁乃如此亦何嘗執六经注我之説不立語言文字哉

以上見四庫全書總目提要卷十六第三十八頁

易經澹窩因指八卷安徽巡撫採進本

明張汝霖撰

汝霖字明若山陰人萬歷乙未進士官至江西布政司參議其書隨文訓釋蓋專爲科舉制藝而作

以上見四庫全書總目提要卷八第五十七頁

周易古文鈔二卷　浙江巡撫採進本

明劉宗周撰

宗周字起東號念臺山陰人萬歷辛丑進士官至左都御史南都破後絶粒而死事迹具明史本傳乾隆乙未

賜謚忠介宗周與漳浦黃道周明末俱以善易名道周長於數宗周長於理其學多由心得故不盡墨守傳義其刪說卦序卦雜卦三傳雖本舊說已失先儒謹嚴之義至於經文序次每以意移置較吳澄纂言更為無據亦勇於竄亂聖經矣故其人可重而其書終不可以訓焉

以上見四庫全書總目提要卷八第五十七頁

百家論鈔十二卷浙江巡撫採進本

明王思任編

思任字季重山陰人萬歷乙未進士官至江西九江道按察使

僉事是書所取皆有明一代議論之文前有思任自序曰宋不

如唐唐不如漢漢不如三代此文談舊唾也吾以爲文章至明

而始妙是何言歟

以上見四庫全書總目提要卷一百九十三

吳越錢氏傳芳集二卷兩淮鹽政採進本

明錢篟錢篩同編

篟字飛卿篩字章卿紹興人是集錄錢氏一家之詩自吳越武肅王鏐至明諸生淮凡六十二人一百三十一首初吳越文穆王元瓘有錦樓集忠懿王俶有政本集俶子惟演因採鏐及元瓘宏佐倧俶五王之詩合為一編名曰傳芳集後族子仙芝復益以羣從所作纂為五卷目曰後集宋綬為之序明嘉靖中篟等又為捜輯增益錄之於木仍以宋綬序冠於前然序稱惟演所得五王格律長言共四十五首而此編所載僅九卷首又卷數亦與後集不合蓋散佚之餘重為裒輯雖尚沿其名已非原本之舊矣 以工見四庫全書總目提要卷一百九十二

紹興縣志採訪稿

越亭望亭詩集二卷浙江巡撫採進本

明陳鶴編

鶴有海樵山人集已著録越望亭在紹興府城卧龍山巔前對秦望初名望海後更此名或曰爲越地之望或曰可以望越未之詳也嘉靖戊戌紹興守湯紹恩重創斯亭一時多爲題咏同知孫令推官周鳳岐因令鶴輯録成編前繪山川城郭圖詩則溯唐迄明雖名以詩集而賦亦綴焉紹恩號篤齋安岳人嘉靖丙戌進士其治越有惠政事蹟具明史循吏傳

以上見四庫全書總目提要卷一百九十二

紹興縣志採訪稿

海釣遺風集四卷　兩淮馬裕家藏本

明蕭鳴鳳編

鳴鳳字子雝浙江山陰人正德九年進士官至廣東提學副使事蹟具明史本傳鳴鳳父顯字文明别號海釣永樂甲申進士官至給事中其卒也李東陽等各爲詩以哀之題曰海釣遺風鳴鳳因取顯遺詩及東陽等所作序傳併爲此集而仍其舊名体例糅雜編次殊爲無法

以上見四庫全書總目提要卷一百九十一

筆元要旨一卷 浙江汪啟淑家藏本

明徐渭撰

渭字文清後更字文長山陰人事蹟具明史文苑傳是編論書專以運筆為主大概彷諸米氏

以上見四庫全書總目提要卷一百十四

玉機微義五十卷　兩淮鹽政採進本

明徐用誠撰劉純續增

用誠字彥純會稽人純字宗厚咸寧人用誠原本名醫學折衷分中風痿傷風痰飲滯下泄瀉瘧頭痛頭眩欬逆痞滿吐酸痓癘風瘡破傷風損傷十七類純以其條例未備又益以欬嗽熱火暑溼燥寒瘡瘍氣血內傷虛損積聚消渴水氣脚氣諸疝反胃脹滿喉痺淋閟眼目牙齒腰痛腹痛心痛痳瘮黃疸霍亂厥痹婦人小兒三十三類始改今名仍於目錄各註續添字以相辨識或於用誠廿原本十七類中有所附論亦註續添字以別之是二人相繼而成本書可據明史藝文志惟著劉純之名蓋失考也其書雖皆採掇諸家舊論舊方而各附案語多所訂正

非飯飣鈔撮者可比嘉靖庚寅延平黃焯刻於永州首載楊士琦序知二人皆明初人士奇序謂二人皆私淑朱震亨今觀其書信然又謂北方張元素再傳李杲三傳王好古南方朱震亨得私淑焉則於宗派源流殊爲舛迕張李王之學皆以理脾爲宗朱氏之學則以補陰爲主去河間一派稍近而去潔古東垣海藏一派稍遠遺書具存可以覆案王禕青巖叢録曰李氏弟子多在中州獨劉氏傳之荆山浮圖師師至江南傳之宋中人羅知悌南方之醫皆宗之云云其宗派授受亦極明白士奇合而一之誤之甚矣

以上見四庫全書總目提要卷一百四

類經三十二卷內府藏本

明張介賓編

介賓字會卿號景岳山陰人是書以素問靈樞分類相從一曰攝生二曰陰陽三曰藏象四曰脈色五曰經絡六曰標本七曰氣味八曰論治九曰疾病十曰針刺十一曰運氣十二曰會通共三百九十條又益以圖翼十一卷附翼四卷雖不免割裂古書而條理井然易於尋覽其註亦頗有發明考元劉因靜修集有內經類編序曰東垣李明之得張氏之學者鎮人羅謙甫嘗從之學一日過予言先師嘗教予曰夫古雖有方而方則有所自出也子爲我分經病證而類之則庶知方之所自出矣予自承命凡三脫稾而先師三毀之研摩訂定三年而後成名曰內

紹興縣志採訪稿

經類編云云則以内經分類實自李杲創其例而羅天益成之

今天益之本不傳介賓此編雖不以病分類與杲例稍異然大

旨要不甚相遠即以補其佚亡亦無不可矣

以上見四庫全書總目提要卷一百四

景岳全書六十四卷通行本

明張介賓撰

是書首爲傳忠録三卷統論陰陽六氣及前人得失次脈神章三卷録診家要語次爲傷寒典雜證謨婦人規小兒則痘疹詮外科鈐凡四十一卷又本草正二卷採藥味三百種以人參附子熟地大黄爲藥中四維更推人參地黄爲良相大黄附子爲良將次新方二卷古方九卷皆分八陣曰補曰和曰寒曰熱曰固曰因曰攻曰散又别輯婦人小兒痘疹外科方四卷終焉其命名皆沿明末纖佻之習至以傷寒爲典雜證爲謨既僭經名且不符字義尤爲乖謬其持論則謂金元以來河間劉守真立諸病皆屬於火之論丹溪朱震亨立陽有餘陰不足及陰虚火

動之論後人拘守成方不能審定虚實寒涼攻伐動輒貽害是
以力救其偏謂人之生氣以陽為主難得而易失者惟陽既失
而難復者亦惟陽因專以温補為宗頗足以糾鹵莽滅裂之獘
於醫術不為無功至於沿其説者不察證候之標本不究氣血
之盛衰概補概温謂之王道不知誤施參桂亦足戕人則矯枉
過直其失與寒涼攻伐等矣大抵病情萬變不主一途用藥者
從病之宜亦難拘一格必欲先立一宗旨以統括諸治未有不
至於偏者元許衡魯齋集有論梁寛甫病證書曰近世諸醫有
主易州張氏者有主河間劉氏者張氏用藥依準四時陰陽而
增損之正内經四氣調神之義醫而不知此妄行也劉氏用藥
務在推陳致新不使少有拂鬱正造化新新不停之義醫而不

知此無術也然而主張氏者或未盡張氏之妙則瞑眩之劑終不敢投至失幾後時而不救者多矣主劉氏者或未悉劉氏之蘊則刮殺日〔目〕前陰損正氣貽禍於後日者多矣能用二家之長而無二家之弊則治療幾乎其言至為深〔明〕切夫扶陽抑陰天之道也然陰之極至於龍戰陽之極亦至於亢龍使六陰盛於坤而一陽不生於復則造化息矣使六陽盛於乾而一陰不生於垢則造化亦息矣素問曰亢則害承乃制聖人立訓其義至精知陰陽不可偏重攻補不可偏廢庶乎不至除一弊而生一弊也

以上見四庫全書總目提要卷一百四

紹興縣志採訪稿

素問註證發微九卷浙江巡撫採進本

明馬蒔撰

蒔字仲化會稽人其説據漢志内經十八篇之文以素問九卷靈樞九卷當之復引離合真邪論中九鍼九篇因而九之之文定爲九九八十一篇以唐王冰分二十四卷爲誤殊非大旨所關其註亦無所發明而於前人著述多所訾議過矣

以上見四庫全書總目提要卷一百五

霏雪録二卷，浙江吴玉墀家藏本

明鎦績撰

案說文有鎦字而無劉字係鉉附註以為鎦字即劉字此書作鎦蓋偶從古体遂相沿別為一姓實非有二也績字孟熙先世洛陽人徙於山陰其父渙通毛詩元時嘗為三茅書院山長績承其家學故此書辨核詩文疑義頗有根據又及與元末諸遺老遊故雜述舊聞亦多有淵源然每紀夢幻詼諧之事頗雜小說家言其以杜常詩為杜牧詩王士禎香祖筆記嘗糾之亦不免小誤又如稱其遠祖馬牧君事金太祖有紀信之節元修三史時史臣責賕於其祖不冒遂不得書此事論史者俱未之及然當時元政雖頹而秉筆諸臣如揭傒斯歐陽元等皆一代勝

流未必遠有索米受金之事是亦一家之私言未可概信以其
可取者多録備明初說部一家耳此書成化間嘗刋行有胡謐
後序稱績所著尚有嵩陽稿詩律今俱未見殆已散佚矣
以上見四庫全書總目提要卷一百二十二

章格菴遺書五卷福建巡撫採進本

明章正宸撰

正宸字羽侯號格菴晚號㑂東餓夫會稽人崇禎辛未進士官至吏科給事中事蹟具明史本傳正宸爲劉宗周弟子生平以氣節自負是書所載凡奏疏七十九篇論著十八首記傳九首詩賦四十一首又補遺一首則㑂東餓夫自傳也正宸於明亡之後不知所終遺稿亦多散佚此本蓋其族孫詷掇拾殘闕補綴成帙云

以上見四庫全書總目提要卷一百八十

紹興縣志採訪稿

不二齋文選七卷浙江巡撫採進本

明張元忭撰

元忭有紹興府志已著録明史儒林傳稱元忭少負氣節年十九聞楊繼盛死為文遥祭之又稱其自未第時即與鄧以讚從王畿游傳良知之學然皆勵志潛修躬行實踐以讚品端志潔元忭亦矩矱儼然無蹈入禪寂之病與畿之恣肆迥殊是集凡文六卷詩一卷亦無語録粗鄙之習但於是事非當行耳

以上見四庫全書總目提要卷一百七十九

紹興縣志采訪稿

朱文懿文集十二卷浙江巡撫採進本

明朱賡撰

賡字少欽浙江山陰人隆慶戊辰進士官至文華殿大學士事蹟具明史本傳萬歷二十九年大學士趙志皋罷神宗慮朝臣植黨乃起賡入閣後沈一貫沈鯉並罷賡遂獨相七年史稱其醇謹無過然無所建白惟是時東林声氣傾動一時賡獨借漢唐宋朋黨之害以立論謂漢之黨皆君子而罹小人之害其勢在小人故使卓操之徒得以假手而國移於強臣唐之黨君子小人互相攻擊其勢兩盛而卒兩敗故使朱全忠得以窃入而國移於盜賊宋之黨皆以德行文章標表一時其勢在君子而芟除太過不能使其身安於朝廷之上故使呂蔡諸人得以籍

口而國移於隣敵黨愈衆則害愈深變愈大其言切中時病厥
後明社既屋乃信賡言其深識早見有非顧葉諸人所及者其
文則未能自成一家其人蓋本不以詞章名也
以上見四庫全書總目提要卷一百七十九

定變録六卷　浙江鄭大家節家藏本

明許嶶編

凡六種皆副都御史銅梁張佳允事蹟也滑縣擒盜記一卷黎陽盧枏撰靖皖紀事一卷雲間莫如忠撰宣撫降罰記一卷太原王道行撰定浙二亂志一卷吳郡王世貞撰浙鎮民變傳一卷姑蘇錢有威撰浙鎮兵變始末一卷山陰鄭舜民撰其中關於浙江者三嶶浙人也故序而彙梓焉

以上見四庫全書總目提要卷六十四

皇輿考十二卷　副都御史黄登賢家藏本

明張天復撰

天復號内山山陰人嘉靖丁未進士官至雲南按察使司副使事蹟附見明史文苑傳其子元忭傳中是書取閣本志畧稍加潤飾其自序云文襄桂公輿地圖志宫諭念菴羅公廣輿圖司馬許公九邊論詞約而事該故往往引三家之説冠于篇端文襄桂公者桂蕚念菴羅公者羅洪先司馬許公者許論也其大意在規明一統志之失但貪列人物依然挂一漏萬至若四至八到郡縣沿革皆略而不詳未為善本

以上見四庫全書總目提要卷七十二

定遠縣志十卷　兩淮馬裕家藏本

明高鶴撰

鶴字若齡山陰人嘉靖庚戌進士官定遠縣知縣是書自序稱杜門三日而成世無此理或刊本譌月為日歟其記載甚簡畧而体例乃頗冗雜列疆域道路於建置沿革之前是未出縣名先臚縣境所謂四界八至不知為何地而言端緒殊覺倒置至于屯田一門僅四行惠政一門僅三行又職官題名之下各書其人之字號如書肆宦籍之式亦皆非体也

以上見四庫全書總目提要卷七十四

紹興府志五十卷兩淮馬裕家藏本

明張元忭孫鑛同撰

元忭字子藎山陰人隆慶辛未進士官至左諭德事蹟具明史儒林傳鑛有月峯評經已著録是志分十八門每門以圖列于書後較他志易於循覽体例頗善末為序志一卷凡紹興地志諸書自越絶書吳越春秋以下一一考核其源流得失亦為創格

以上見四庫全書總目提要卷七十四

雲門志畧五卷浙江巡撫採進本

明張元忭撰

元忭有紹興府志已著録雲門山在會稽城南元至正十年相

里允若作雲門集黄溍序之元忭以其未備補輯是編以山川

古蹟名賢為一卷而餘四卷皆藝文又未免大于本矣

以上見四庫全書總目提要卷七十六

恒嶽志二卷兩淮馬裕家藏本

明趙之韓王濬初同撰

之韓汜水人官渾源州知州濬初山陰縣舉人是書成于萬曆壬子其目十一曰外紀星紀山紀廟紀祀紀事紀物紀游紀仙紀文紀詩紀搜考頗稱詳核又以自宋以來皆祠北嶽於上曲陽故復取曲陽嶽廟詩坿於卷末後五年知州衡陽張述齡為刻而行之然其文紀有目無書已非完本矣

以上見四庫全書總目提要卷七十六

牧津四十四卷　浙江巡撫採進本

明祁承㸁撰

承㸁字爾光山陰人萬曆甲辰進士官至江西布政司參政其書採輯歷代循吏事實分類編次首列綱概一卷分為五目一考名二稽制三述意四論世五辨類以下凡四十四卷分經濟消弭匡定節義當機惠愛化導勤節集事政才政術真誠清德砥躬風力守正嚴肅敦厚忠信明決得情察姦矜慎平恕執持識見崇体任人治賦救荒詰盜儒治三十二類每類前各有小序徵采既廣不無煩碎叢雜之病

以上見四庫全書總目提要卷八十

陽明鄉約法一卷浙江巡撫採進本

明王守仁撰

守仁字伯安號陽明餘姚人宏治己未進士官至兵部尚書封新建伯事蹟具明史本傳是書已載陽明全書中崇禎閒嘉善陳龍正復録出别行其法有約長約副約正約史知約約贊諸人已極繁瑣至爭鬥賦役諸事以至寄莊人户納粮當差皆約長主之蓋欲以約長代周官比長黨正之法然古法亦未必盡宜于今也

以上見四庫全書總目提要卷八十四

陽明保甲法一卷　浙江巡撫採進本

明王守仁撰

悉載牌諭諸文亦見陽明全集中陳龍正録出别行而各附題

識於其下

以上見四庫全書總目提要卷八十四

長蘆鹽法志十三卷浙江汪啟淑家藏本

明何繼高馮學易閔遠慶同撰

繼高字汝登山陰人萬歷癸未進士官至江西布政司參政學易字聾卿臨海人隆慶丁卯舉人官至長蘆鹽運司運同遠慶字基厚烏程人萬歷丙戌進士官至四川按察使僉事纂是書時繼高方爲運使遠慶方爲運判故三人以現行鹽法事例參稽典故共相酌定云

以上見四庫全書總目提要卷八十四

救荒事宜一卷編修程晋芳家藏本

明張陛撰

陛字登子山陰人崇禎庚辰歲大飢劉宗周及祁彪佳皆里居宗周倡議煮粥彪佳倡議平糶陛更出其家粟五百石佐二人所不及慮賑或未周貸或虛糜於是斟酌情形創為十法一聚米二踏勘三優恤四分別五散米六核實七漸及八激勸九平糶十協力擘畫具有條理多所全活陛因疏其綱要為此書

以上見四庫全書總目提要卷八十四

傳習録略一卷〔編修程晉芳家藏本〕

不著編輯者名氏取王守仁傳習録删存大畧曹溶收入學海類編者明史藝文志載王守仁傳習録四卷聚樂堂書目有載經傳習録節要一卷會稽縣志有劉宗周陽明傳習録選皆無傳習録略之名末有鄒元標跋語然亦但云嘗讀傳習録不云有所删輯蓋以傳習録跋移綴之均非其舊也

以上見四庫全書總目提要卷九十六

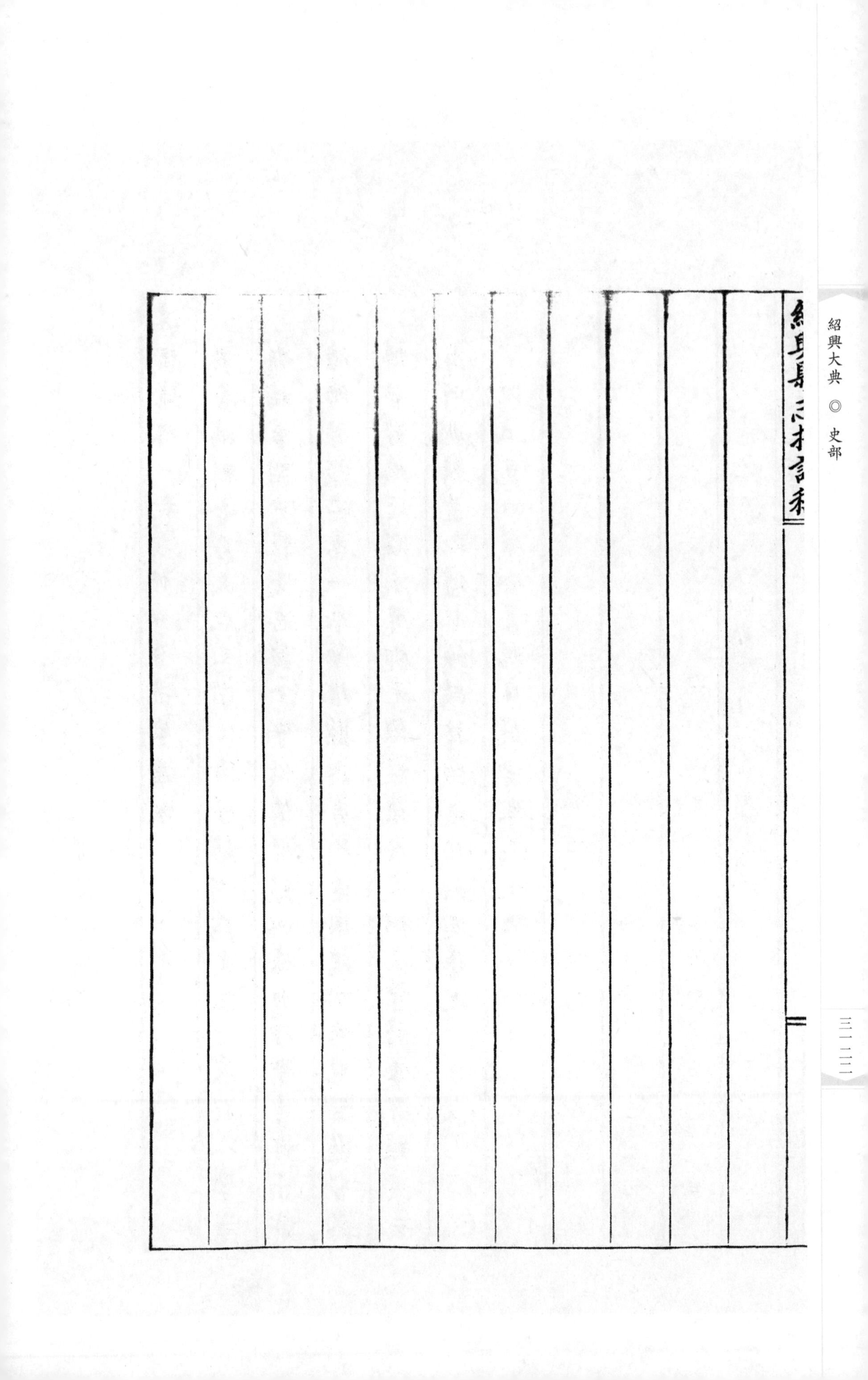

說理會編十五卷　浙江巡撫採進本

明季本撰

本有易學四同已著録本爲王守仁門人自序謂親聞姚江之傳而同門之士傳布師說徧天下恐其爲說既長或乖典則故輯此書凡疑難之說悉辨明之其意蓋以守仁於濂洛而此書則仿近思録而作近思録分類十四此分類十二其先之以性理聖功者猶録之首及道体論也繼之以實踐賢才者猶録之次及於致知存養克治也推之於政治者猶録之有治道治法也終之以異端諸子者猶録之辨別異論總論聖賢也其閒巧借程朱之言以證良知之說則猶守仁朱子晚年定論之旨耳

以上見四庫全書總目提要卷九十六

證人社約言一卷浙江巡撫採進本

明劉宗周撰

宗周有周易古文鈔已著録宗周初以順天府尹罷歸與陶奭齡講學王守仁祠以證人名堂此其所爲條誡也首冠以社學檄題辛未三月蓋崇禎四年所作次爲約言十則次爲約戒十則所載凡三十條題曰癸未秋日爲崇禎十六年次爲社會儀七則不題年月次爲宗周自書後而附以荅管而抑論遷改格書其書中後所稱石梁子者即奭齡之别號奭齡字君奭國子監祭酒望齡弟也

以上見四庫全書總目提要卷九十六

陣紀四卷◎浙江鮑士恭家藏本

明何良臣撰

良臣字惟聖會稽人弱冠棄諸生從軍嘉靖間官至薊鎮遊擊是編皆述練兵之法一卷曰募選束伍教練致用賞罰節制二卷曰奇正虛寔衆寡卒伍技用三卷曰陣宜戰令戰機四卷曰權陷因勢車戰騎戰步戰水戰火戰夜戰山林谷澤之戰風雨雪霧之戰凡二十三類共六十六篇明之中葉武備廢弛疆圉有警大柢鳩烏合以赴敵十出九敗故良臣所述切切以選練為先其所列機要亦多即中原野戰立說夫事機萬變應在一心蘇軾所謂神兵非學到自古不留訣也明代談兵之家自戚繼光諸書外往往捃摭陳言橫生鄙論如湯光烈之樞穽藏錐

彭翔之木人火馬殆如戲劇惟良臣當嘉靖中海瀆弗靖之時身在軍中目睹形勢非憑虛理斷攘袂坐談者可比在明代兵家猶為切寔近理者矣

以上見四庫全書總目提要卷九十九

軍權四卷 浙江巡撫採進本

明何良臣撰

良臣有陣紀已著録是書分國本國禁兵本兵祕禮士士遇馭士士品握機揣情必慮必克將事將識任將軍範術占凡十七目一百七十四篇中閒有云募選之事付諸有司欺昧朦朧上下交蔽又云將不識兵兵不識將卒然有事寔無以支皆譏切時政之語自序稱早歲事戎行足迹徧寰宇而累于謏忌困于貪胥蓋亦發憤而著書者也

以上見四庫全書總目提要卷一百

紹興縣志采訪稿

左略一卷浙江汪啟淑家藏本

明曾益撰

益字子謙山陰人其書專摘左傳所言兵事凡五十六篇每條標以名目陳禹謨左氏兵畧尚援引他書疏通證解此但摘錄傳文益無可採矣

以上見四庫全書總目提要卷一百

奕律一卷安徽巡撫採進本

明王思任撰

思任字季重山陰人萬歷乙未進士官至江西按察司僉事是編定奕棋禁令各以明代律文列前而以奕者所犯附會比照之分笞杖徒三等納贖有差凡四十二條夫奕以消閒遣興而限以苛例使拘苦萬狀動輒得咎斯亦不韻之極矣無論其所定當否也

以上見四庫全書總目提要卷一百十四

紹興縣志採訪稿

孟叔子史發無卷數。浙江巡撫採進本

明孟稱舜撰

稱舜字子塞，會稽人，崇禎間諸生。是書凡爲史論四十篇，其文皆曲折明暢，有蘇軾洵蘇軾遺意，非明人以時文之筆論史者，惟其以屢舉不第，發憤著書，不免失之偏駁。如項羽論謂其敗兵由乎天亡，非戰之罪；商鞅論謂秦用商鞅之法六世以至于帝，始皇不用商鞅之法，二世以至于亡；樂毅論謂其非仁非智，雖毅不走趙，騎劫不代將，亦終必敗，皆失之過激。李陵論謂陵必報漢，漢待之寡恩則害義，尤甚崇禎末降賊諸臣，無不以陵藉口者，豈非以此類僻論有以倡之乎？至于王通、韓愈、王安石、張浚諸論，則能破門戶之見；晁錯、趙苞、魏徵、史浩諸論，亦能持事理之平蓋瑕瑜互見之書也前有崇禎辛未自序述不得志而立言之意稱李衛公罷相𨽻著論數十首名曰窮愁志蘇寔紀年以掩其迹而後來著録者遂誤以為元人也其書棌摘史事分條立説迄於東漢之末而止以喪心從亂之人而妄議古今其説蓋不足深論矣

以上見四庫全書總目提要卷九十

聖學宗要一卷學言三卷　浙江巡撫採進本

明劉宗周撰

宗周有周易古文鈔已著録是編凡聖學宗要一卷載周子太極圖説張子東銘西銘程子識仁説定性書朱子中和説王守仁良知問答等篇各爲註釋蓋本其友人劉去非宋學宗源一書而增益之加以詮解改爲今名學言三卷則宗周講學語録其門人姜希轍所刻也宗周生於山陰守其鄉先生之傳故講學大旨多淵源於王守仁蓋目染耳濡其來有漸然明以來講姚江之學者如王畿周汝登陶望齡陶奭齡諸人大抵高明之過純涉禪機奭齡講學白馬山至全以佛氏因果爲説去守仁本旨益遠宗周獨深鑒狂禪之弊築證人書院集同志講肄務以

誠意爲主而歸功於慎獨其臨没時猶語門人曰爲學之要一誠盡之而主敬其功也云云蓋爲良知末流深砭痼疾故其平生造詣能盡得王學所長而去其所短卒之大節炳然始終無玷爲一代人倫之表雖祖紫陽而攻金谿者亦斷不能以門戶之殊併詆宗周也知儒者立身之本末惟其人不惟其言矣

以上見四庫全書總目提要卷九十三

人譜一卷人譜類記二卷　浙江巡撫採進本

明劉宗周撰

姚江之學多言心宗周懲其末流故課之以實踐是書乃其主蕺山書院時所述以授生徒者也人譜一卷首列人極圖說次記過格次改過說人譜類記二卷曰体獨篇曰知幾篇曰凝道篇曰考疑篇曰作聖篇皆集古人嘉言善行分類錄之以為楷模每篇前有總記後列條目間附以論斷主於啟迪初學故詞多平實淺顯兼為下愚勸戒故或參以福善禍淫之說然偶一及之與袁黃功過格立命之學終不同也或以蕪雜病之則不知宗周此書本為中人以下立教失其著作之本旨矣

以上見四庫全書總目提要卷九十三

洗心居雅言集二卷江蘇巡撫採進本

明范檟撰

檟字養吾會稽人嘉靖庚戌進士官至知府是編凡史論二百四十一條陶望齡爲之序書之上方及行旁皆有評語序前標曰新鐫史綱論題雅言旁註評林目録前標曰新刻陶會元舉業史綱論題皆坊本之陋式其爲真出檟手與否尚在疑似之閒矣

以上見四庫全書總目提要卷九十

紹興縣志採訪稿

唐碑帖跋四卷　浙江巡撫採進本

明周錫珪撰

錫珪字禹錫會稽人是書所載皆唐碑惟末附五代楊凝式一人皆就錫珪所見各為題跋如尉遲敬德碑其石尚存乃遺不載知其不主求備矣其中如辨鍾紹京靈飛六甲經為玉真公主奉敕檢校寫公主于天寶元年卒天寶三年始改年為載卷中所說與史不符亦頗見考證至辨肚痛帖為偽作非張旭書辨停雲館帖所刻顏真卿書朱巨川告身及多寶塔碑皆徐浩書謂書有性情如人之老少肥瘠不同而性情不易此書較顏諸碑毫髮無似者格律嚴而法度謹東海之家學也人稍嫌其近佐史以此批究更無可疑云云則別無顯證直以己意斷之

吳黃伯思米芾精鑒入神所定閣帖真僞後人尚有異同此事亦談何容易也

以上見四庫全書總目提要卷八十七

書籍 三

目録書籍

陸放翁公宗譜序　此係吼山舊譜録出

思復堂文集序

臨安集摭要

瑯嬛文集

西湖夢尋五卷　浙江鮑士恭家藏本

嶽麓志八卷　浙江汪啟淑家藏本

西湖志四十八卷　通行本

雁山圖志　無卷數　江蘇廵撫採進本

秋塍文鈔十二卷　三州詩鈔四卷

緑蘿山房文集二十四卷　詩集三十三卷

釀川集十三卷
飲和堂集二十一卷
柳亭詩話三十卷
易原無卷數
周易井觀十二卷編修吴壽昌藏本
詩瀋二十卷
三家詩拾遺十卷
儀禮易讀十七卷
左傳綄箋三十五卷
曹江孝女廟志十卷
謝皐羽年譜一卷

賀監紀畧四卷
得一參五七卷
讀古紀源九卷
政譜十二卷
直木堂詩集七卷
塞程别紀一卷
石室祕籙六卷
質園詩集三十二卷
抗言在昔集一卷
樸庭詩稿十卷
賜書堂詩選八卷

亢藝堂集

司馬氏慶系譜

劉忠介先生年譜

家淑集制議

山陰張陶庵岱瑯嬛文集

會稽蔣雲壑嶟斯友堂集

會稽孟次徵遠集

山陰胡穉威天游石笥山房文集

會稽茹三樵敦和竹香齋古文

湖海交游館詩鈔

傳苙人詩草

吴少雲詩
補勤詩草
寄龕遺詩

紹興府志卷

陸放翁公宗譜序 此係吼山舊譜録出

陸氏出自嬀姓後齊宣王少子通字季達封於平原般縣陸鄉因以為氏卒謚元侯生恭侯發為齊上大夫生二子曰萬曰皋〻生邕〻生漢大中大夫賈〻生五子一曰烈字伯元為吳令遷豫章都尉迎葬於吳子孫始為吳人吳郡陸氏皆祖都尉唐元和閩福建觀察使庾分著漢潁川太守公閎以後四十九支我山陰陸氏則出侍郎支唐宰相忠宣公之後當五代時錢氏割據東南自嘉禾徙居餘杭之瓢街巷聚族百口以家世相唐不仕有陸仕璋者錢之貴臣也求通譜牒博士諠拒不許遂東渡錢塘徙居山陰厥孫忻又贅居魯墟即卜葬地於山陰之九里山陰陸氏寔始博士博士之曾孫曰郇生二子長仁旺贈太子中允次仁昭贈太子太

紹興縣志採訪稿

保自中允太保而下又分支二十有九

宋隆興二年甲申秋九月左通直郎充樞密院編修官兼領編類

聖政所檢討官游謹書見山陰梅湖陸氏宗譜卷二

思復堂文集序　先正遺書餘姚邵廷采文集

念魯先生自言曰文章無關世道者可以不作有關世道不可不作即文采未極亦不妨作嗟乎此先生是編之所以作也今世之善古文詞者類皆習於淫靡務于美觀工于奔競而其性情汩没焉先生恥之一洗庸碌鉛槧之羞起衰救獘先生之功偉焉先生性恬退不求聞達當道縉紳爭僱致之爭交譽之先勿生勿顧焉故以諸生老其文章高古樸茂雅與身相等世必有識之者余可無論也先生與余為忘年友其卒於鄉也余適在京師今讀其文稿一為泫然而序之如此

康熙壬辰二月穀旦山陰王掞祇如氏頓首譔

思復堂文集原序

邵子念魯刻其思復堂文稿前集後集成而未有序友人過而詢之念魯曰吾雖其人也吾山人也不敢以乞搢紳先生之言又或學術偏謬持其是而不肯折衷賢聖是序適為爭府吾累也且吾所以不揣而刻此者懼泯師友祖父之淵源私竊以置諸笥抑未必能子孫之守我也生無耀于時沒亦已焉耳烏用序為友人曰君不觀夫馬之走千里者乎馬之走千里者方其初行或前或却步後而視徐人與凡馬等相也及其一日而果畢千里則王良造父爭延譽矣士固有絀于近而行遠者昔杜甫晚歲以舟為家蘇長公由儋耳歸浮江東下當其時釜生魚甑生塵天下之人不能出二子于飢凍二子者負其行能亦幾不以自信然到于今稱二

子則其人之行遠而所以久者可信也若乃布衣之文亦有之矣梁鴻矢五噫之歌皋羽述西臺之記下逮貝清江高季迪亦以能詩訓後進　本朝魏禧屈大均侯方域並居蓬戶光助文明士大夫不聞以其卑賤而遺之然則士果卒為山人其文豈不重於人生于地上百事瞬息耳瞬息于文與瞬息于貨財聲色也孰異而立言之重與立功立德同科且君嘗為余言行文貴有原本內無所窺于心性外之不關家國天下之務徒敝精神窮日夜以求其似雖成亦何所用不如所云畧觀大意雖非其至性情之地微有存焉余喜稱斯語以戒子弟之騖于文文之中有德有功則可謂之立言是兩者君兼盡之其本原心性經濟大畧見于書院傳記先賢諸傳小之出為酬用亦不輒以一言輕相假借庶幾乎古之

無茍立言者是亦可以信其行遠矣念魯曰吾于立言之道未有講也柳稿引布衣諸高士仰止之下殊用爲愧子謂我序之則請子序之山陰劉士林序時康熙四十四年十一月初六日

臨安集提要。從餘姚邵晉涵四庫全書提要分纂稿錄出

臨安集六卷明錢宰撰宰字子予一字伯均會稽人元進士明初徵修礼樂書授國子教授乞歸復召以較書翰林加博士致仕明史有傳宰學有本原在元末已稱老師宿儒韓宜可唐之淳皆其弟子入明以經術見重于太祖嘗命撰帝王廟樂章又定正蔡氏尚書傳沈潛經訓同時宋濂諸人並心折焉詩文其餘技也然其詩吐辭清拔寓意高遠與楊維楨同郡而不效其奇崛之体黄佐稱為刻意古調心追漢魏朱彝尊明詩綜亦許其波瀾老成諸体悉合固明初一作手矣古文詞亦與詩相稱操縱有法度不蹈元末冗長之習可謂卓然能樹立者惜遺集久失傳今從永樂大典中採掇編排參以諸選本所録尚得六卷宰本越人集以臨安名者

蓋爲吴越武肅王十四世孫從其舊系也見俗吴先正遺書第四集

跋

余束髮時讀書於山陰余浣公侍御家檢其藏書有瑯嬛文集一帙蚊脚細草蟫蝕襵纚蓋張陶菴後裔世傳而尚未付雕者也余見而攫之五十年来藏之澈簏時一披閱不少廢離今半肩襆被游黔山川萬里與之偕来兒子介臣見而悦之以為陶菴吾越名宿才蓋当世闻其生平有徐文長之癖今讀是編筆挾風霜氣吞莊列实出文長之上較余尤加珍重屬同人録出乞余校正分為六卷合作一函什襲藏之俟客囊稍裕将付剞劂以垂久遠庶不負陶菴一生心血所存浣公夙昔收藏之意天下之寶当與天下共之豈敢獨作枕中之祕哉道光戊戌良月會稽王惠識

以上見瑯嬛文集卷六第三十七頁

紹興縣志採訪稿

書瑯嬛文集後

右瑯嬛文集六卷有明於越陶菴張先生岱著也吾越有明一代才人稱徐文長張陶菴徐以奇警勝先生以雄渾勝先生他著次第傳世石匱書則毛西河修明史作為藍本西河集中上先生書言之詳矣惟是當時經王雨謙祁止詳兩先生編次評點會國變未刊　家藏蠅頭本相傳為先生自攜以避難者後歸越城余浣
公文毅侍御家當時大觀樓藏書之富甲東南此書為先君子蘭
上公借觀樓不戒於火萬卷頃刻成燼是書以借出獨完先君子耒黔獨袖是書厥後越城失守家藏悉盡是書亦以攜出獨完黔亂二十年介臣攜是冊出入荊棘灰燼中卒無恙豈造物欲存是書人亦賴以存耶書藏浣公及余家二百餘年迄未付梓亦不輕

示人昔惟鄭廣文珍見之曰精渾勝歸唐何論二十四家耶篋中有此盜賊水火不能近也竭數晝夜力鈔録去此外無人見也丙子春黎簡堂中丞見而愛之急勸付梓因述其顛末於後光緒丙子春正月个峯王介臣識

瑯嬛文集原序

雪瓢祁豸佳譔

越故多才其所最著者宋有陸放翁元有楊鐵崖明有徐青藤後來才士所生不少以沉埋帖括淹屈多人間有進賢紗帽游戲古作視爲緒餘神宗朝吾越中以古文名者三先生一爲陸景鄴一爲王謔菴一爲倪鴻寶陸長於武斷其蔽也敢王長於撮巧其蔽也狎倪長於儆僻其蔽也鬼較之前代三賢尚難學步而其所刻文集又皆榮不擇茅金常夾礫此雖作者之過而選之者亦不得不任其責矣鍾伯敬曰選者之力能使作者讀者之精神心目爲之一頓易故夫選而後作者上也作而自選者次也作而待人選者又次也陶菴所作詩文選題選意選句選字少不愜意不肯輕易下筆凡有所作皆其選而後作者也其後彙所存稿悉簡其代作應

付諸篇什盡付一炬有所存貯又皆其作而自選者也今茲選刻稿尚盈笥王白嶽又為之痛芟讎校在十去七所定瑯嬛一集譬之文豹留皮但取其神光盛濡孔雀墮羽祇拾其翡翠金揮洵汰簸揚選擇最核以視前代即放翁之劍南渭南鐵崖之樂府史鉞青藤之櫻桃館𨷂編何遂能過之也蓋陶菴先為蜀產後生會稽以嵯峨沖漈之奇席菁鍪千巖之秀其所脫胎結撰自合磊砢韻秀亮拔不羣此其生質使然豈可与之爭鋒角勝乎昔李研齋見石匱書力爭陶葊決非浙產言及先世始噇然大笑自謂知人其藻鑒之確信有以也

瑯嬛文集原序

曲轅王雨謙撰

有大文之人而文始傳文也者人也其人為天地之所屬則凡天地之所煥不能鬱與鬱而不克告之天下萬世者皆彙而委諸其人由是而日星之蒸變河嶽之苞孕懃懃焉提以成之也然其所際有顯晦且有不即內之於顯而困苦拂亂與以晦晦之遇而別有以顯之則天下文章莫大乎是矣如昔左氏春秋龍门史記皆不屑以爵祿榮之而特榮以三曾之大也吾故於陶菴張子之文而知天地之成之顯之者深且宏也陶菴為雨若先生之孫而陽和公其曾祖父也陽和公以文章大魁天下雨若先生成進士以理學推醇儒陶菴尊人大滌公抱命世才雖俍俍仕籍竟不克大展其學乃舉累代清淑之氣盡以鍾之陶菴陶菴自束髮為文發

藻儒林以彼其才使其立取一名身都顯要自當復命造物爽爽不怍而以才大莫器有識者咸為裂眦問天而陶菴怡然聽之遂潛名成石匱一書上與左史等鼎甲申以後屏棄浮雲益肆力於文章自其策論辭賦傳記箋贊之類旁及題額柱銘出其大力為能登之重淵而明諸日月題曰瑯嬛文集蓋其為文不主一家而別以成其家故既能醇乎其醇亦復出奇盡變所謂文中之烏獲而後來之斗杓也余與陶菴以氣誼文章為世外交每一篇出無不披華食實如李汜之范金呼鳥佛柳柳州之盥薰讀昌黎集也茲者百家爭喙傳斯集行之於世則震風淩雨應知夏屋之為帡幪也陶菴其先蜀產也其近則越產也其人其文幾幾各爭有之余則曰此非蜀之有越之有而天下之有也張子天下才也

瑯嬛文集序

諸溪黎培敘

陶菴張岱識

從來文字之流傳每關氣數一代魁傑之才其所著作有傳有不傳有鬱之久而後傳如有明山陰張陶菴先生所著瑯嬛文集其明證也陶菴當明之季肥遯避荒還流展轉此稿猶得於余友王个峯處藏之个峯與余共事薇垣凡八閱寒暑生平耽吟詠工楷隸精數學而於奇書古畫尤鍾愛特甚每當焚香煮茗促膝談心輒斤斤以陶菴瑯嬛文集未及梓行為念光緒丙子春余於公退之暇偶一披覽其文閎深淵懿折奥衍詭譎瑰奇各盡其致陶菴所著書甚多惜未獲見即此已窺一斑爰促付剞劂工竣聊綴數語於簡端蓋以識个峯佩服陶菴之深而陶菴是集不至湮没於數百年之後毋抑有氣數存乎其間耶是為序光緒三年

歲在丁丑季秋月湘潭黎培敬

西湖夢尋五卷　浙江鮑士恭家藏本

國朝張岱撰

岱字陶菴自號蝶菴居士家本劍州僑寓錢塘是編乃於杭州

兵燹之後追記舊遊以北路西路南路中路外景五門分記其

勝每景首爲小序而雜採古今詩文列於其下岱所自作尤夥

亦附著焉其体例全仿劉侗帝京景物畧其詩文亦全沿公安

竟陵之派

以上見四庫全書総目提要卷七十六

嶽麓志八卷浙江汪啟淑家藏本

國朝趙寧撰

寧字又甯山陰人官長沙府同知是志因舊本增輯成于康熙丁卯第一卷為新典及圖說二卷為山水古蹟新建寺觀疆域三卷為書院四卷以下皆藝文也卷首序文自為一巨册當全書四分之一同修姓氏列至一百四十二人則其書可知矣

以上見四庫全書總目提要卷七十六

紹興縣志採訪稿

西湖志四十八卷　通行本

國朝傅王露撰

王露號玉笥會稽人康熙乙未進士官翰林院編修乾隆辛巳特恩加中允銜初雍正三年　命浙江總督李衛開濬西湖越三年而蕆功時衛方奉　詔纂修通志以西湖志自田汝成後久未續輯因以王露總其事而以舉人厲鶚等十人分任纂修之悉仿通志之例分門記載列目二十徵引極博而体例頗涉汎濫其後梁詩正等復訂為西湖志纂寔据此本而删潤之云

以上見四庫全書總目提要卷七十六

紹興縣志採訪稿

雁山圖志無卷數　江蘇巡撫採進本

國朝僧實行撰

實行字奕菴山陰林氏子居雁山能仁寺因捜羅名勝編次成

書首雁山十八剎皆有圖次山水諸說次藝文

以上見四庫全書總目提要卷七十六

紹興縣志採訪稿

秋滕文鈔十二卷三州詩鈔四卷浙江巡撫採進本

國朝魯曾煜撰

曾煜字啟人秋滕其別號也會稽人康熙辛丑進士改庶吉士未授職乞養親歸教授生徒終於家是集文一百二十一篇中多考證之作其文氣頗剽急蓋才性使然若續中山狼傳之類雖規橅毛穎然不作可也目列易本末論六十四篇易纂例八十篇而有録無書蓋均未刻又廣東祥符二志凡例亦有録無書殆以已見於兩志歟其詩以三州名集自序曰杭州汴州廣州也蓋其歷主講席游蹤所及之地云

以上見四庫全書總目提要卷一百八十四

綠蘿山房文集二十四卷詩集三十三卷　江蘇巡撫採進本

國朝胡浚撰

浚字希張號竹岩會稽人康熙庚子舉人是編文皆駢体浚自為之註前有魯曾煜序稱仿韓非子有經有傳例然韓非子經傳各自為條其著書句下自註者始班固漢書藝文志作文句下自註者始謝靈運山居賦浚蓋用靈運例也

以上見四庫全書總目提要卷一百八十四

紹興縣志材料

醲川集十三卷　浙江巡撫採進本

國朝許尚質撰

尚質字又文山陰人是集賦一卷雜文二卷詩二卷詞五卷宋祖煜序謂尚質少而業詩亦喜飲指邑中所謂沈醲川者自號因以名集其文頗有法度詞亦修整惟歌詩稍嫌放縱或不入律云

以上見四庫全書總目提要卷一百八十四

欽和堂集二十一卷浙江巡撫採進本

國朝姚夔撰

夔字冑師號成莽山陰人順治甲午舉人官安化縣知縣是集

凡詩十三卷曰梅軒草公車草歷游草天都草金谿草金谿又

草叱馭草思唐草思唐又草三草四草五草東行草每一集為

一卷雜文八卷則分体編次其詩流易有餘頗傷圓熟文亦肉

多於骨若十二種功德連珠等作尤墮入纖巧一派矣

以上見四庫全書總目提要卷一百八十二

柳亭詩話三十卷。浙江鮑士恭家藏本

國朝宋長白撰

長白原名俊以字行山陰人是編成於康熙乙酉自三代以迄近人凡涉於詩者多所記録時以己意品題而議論考據多無根柢猶明季山人之餘緒也

以上見四庫全書総目提要卷一百九十七

紹興縣志采訪稿

易原 無卷數 江蘇巡撫採進本

清趙振芳撰

振芳字香山山陰人是書列古本圖書古本易經為首卷列諸圖與說為次卷其古本周易集諸家舊本而考其異同於章句文字頗有釐訂惟所載圖說自河洛著法五行卦氣而外竝及天行地勢之類則不免曼衍支離夫易為象數之總推而行之三才萬物無不貫通故任舉一端皆能巧合然於聖人立象設教之旨則究為旁義也

以上見四庫全書總目提要卷九第六十九頁

周易井觀十二卷　編修吳壽昌家藏本

清周大樞撰

大樞字元木號存吾山陰人乾隆壬申舉人官平湖縣教諭此編論天地之數謂與大衍相符必漢儒遞相傳授以及康成是以古來說易竝無先天八卦故不取邵子所傳圖位蓋先天八卦即從所稱後天圖演出不過取其一畫交易則各成乾坤乃道家抽坎填離之說不合聖經之旨也於六十四卦則尊離重震各爲之解爲圓圖以應一歲節候之數爲方圖以應三才旋轉之象以雜卦傳爲孔子之序易取文王所序卦而雜之他卦皆用文王覆卦至大過而後獨不覆焉終之以剝決柔與卦首之乾相接即無大過之道作雜卦傳三十六宮圖以差次之又

創爲兼兩卦每六畫覆之則爲十二畫仍可併爲六畫以盡易之變化他如用九用六四象八卦以及蓍策占驗諸說俱博綜衆論斷以己意惟引性空真火性火真空火愈分愈多愈與愈有云云頗涉二氏之旨焉

以上見四庫全書總目提要卷十第八十頁

詩瀋二十卷浙江巡撫採進本

清范家相撰

是編乃其釋詩之說家相之學源出蕭山毛奇齡奇齡之說經引證浩博善於詰駁其攻擊先儒最甚而盛氣所激出爾反爾其受攻擊亦最甚家相有戒於斯故持論一出於和平不敢放言高論其作是書大旨斟酌於小序朱傳之間而斷以己意首爲總論三十篇以下依次詮說皆不載經文但著篇目其先儒舊說無可置辨者則併篇目亦不著之今核其所言短長互見如謂卷耳爲文王在羑里后妃遣使臣之作謂中谷有蓷爲憐申后謂褰裳爲在晉楚爭鄭之時謂丰爲男親迎而女不從謂𣗥筍爲嘆王綱廢弛謂采苓爲申生而作謂采薇爲文王伐玁

犹謂洒水為宣王信讒皆以意揣度绝無確證然如總論第十四條力破黍離降為國風之說謂太史不采風王朝無掌故諸侯之國史亦不絕録以進蓋四詩俱亾非獨雅也詩亾而諷諭彰癉之道廢是以春秋作焉此與孟子迹熄之說深有發明第十五條謂三百五篇之韻叶之而不諧者其故有三列國之方音不同一也古人一字每兼數音而字音傳譌已久非可執一以諧聲二也詩必歌而後出每以餘音相諧自歌詩之法不傳而餘音莫辨三也此亦足解顧炎武毛奇齡二家之鬭其解釆蘩篇謂被之僮僮為夫人齋居之首服而歷引周禮内司服玉藻及聶氏三禮圖以證之蓋被者所以配禒衣今據聶氏謂婦人之禒衣因男子之元端又玉藻云元冠丹組纓諸侯之齋冠

三家詩拾遺十卷 浙江巡撫採進本

清范家相撰

家相字蘅洲會稽人乾隆甲戌進士官至柳州府知府漢代傳詩者四家隋書經籍志稱齊詩亡於魏魯詩亡於西晉惟韓詩存宋修太平御覽多引韓詩崇文總目亦著録劉安世晁説之尚時時述其遺説而南渡儒者不復論及知亡於政和建炎間也自鄭樵以後説詩者務立新義以掊擊漢儒爲能三家之遺文遂散佚而不可復問王應麟於咸淳之末始掇拾殘賸輯爲詩考三卷然創始難工多所挂漏又增綴逸詩篇目雜採諸子依託之説亦頗少持擇家相是編因王氏之書重加裒益而少變其體例首爲古文考異次爲古逸詩次以三百篇爲綱而三

家佚說一一併見較王氏所録以三家各自為篇者亦較易循覽惟其以三家詩拾遺為名則古文考異不盡三家之文者自宜附録其逸詩不繫於三家者自宜芟除乃一例收入未免失於貪多且冠於篇端使開卷即名實相乖尤非體例其中如張超稱關雎為畢公作一條說見超所作誚蔡邕青衣賦非超別有解經之說而但據詩補傳所載泛稱張超云云並不録其賦語蒐採亦閒有未周然較王氏之書則詳贍遠矣近時嚴虞惇作詩經質疑內有三家遺說一篇又惠棟九經古義余蕭客古經解鉤沈於三家亦均有採掇論其賅備亦尚不及是編也

以上見四庫全書總目提要卷十六第四十四頁

儀禮易讀十七卷　浙江巡撫採進本

清馬駉撰

駉字德淳山陰人儀禮經文詰曲註疏浩繁向稱難讀是編刻於乾隆乙亥於経文諸句之中略添虛字聯络之以疏通大意又仿高頭講章之式彙諸說於上方大约以鄭註賈疏爲主而兼採元敖繼公集說明郝敬集解及近時張爾歧句讀諸書閒亦參以己意取便初學而已不足以闡經義也

以上見四庫全書總目提要卷二十四第九十六頁

左傳統箋三十五卷 浙江汪啟淑家藏本

清姜希轍撰

希轍字二濱餘姚人明崇禎壬午舉人清官至奉天府府丞此書循文衍義所據者特杜預林堯叟孔穎達三家參以朱申句解其所引證又皆不標所出猶沿明季著書之習

以上見四庫全書總目提要卷三十一第四十頁

曹江孝女廟志十卷 浙江汪啟淑家藏本

清沈志禮撰

志禮字範先會稽人官至廣東按察使是編紀孝女曹娥事實其自序謂有同里印文學君素初編張明綖壟續纂俱未成志禮乃因舊志重輯孝女事在漢順帝漢安二年見於邯鄲淳所撰碑今法帖所傳本與此志互有同異可以相證後二卷附志宋英宗時孝女朱娥與明初孝女諸娥事二女亦皆以身救其親又皆與曹娥同里故以配食於廟并録其侍志歌詠之文於後焉

以上見四庫全書總目提要卷六十一第百七名

謝皐羽年譜一卷兩淮盐政採進本

清徐沁撰

沁字埜公會稽人嘗刊謝翶晞髮集因得復搜採遺事為作是譜

中間如扎木楊喇勒智原作楊輦真加今改正發宋陵事以元世祖本紀

參核當在至元戊寅不當在乙酉沁則據周密癸辛雜識定為

乙酉黃宗羲為作序頗疑其非又姜夔乞正雅樂在寧宗慶元

間而譜以為理宗時亦沁之誤也

以上見四庫全書總目提要卷六十第百五頁

紹興縣志採訪稿

賀監紀畧四卷　兩淮鹽政採進本

清聞性善暨其弟性道同編

性善字與同性道字天廼寧波人其書備摭賀知章遺文軼事及唱酬題詠之詞彙為一編采摭頗富然如唐明皇帝送知章詩有二本方回瀛奎律髓具載朱子之說又韋縠才調集所載楊柳枝詞標題誤增枝字遂以天寶以前之絶句為長慶以後之樂府皆未考定則亦多疏舛矣徵引古書每事必造一標題尤類小說體例也

以上見四庫全書總目提要卷六十第百五頁

紹興縣志採訪稿

得一參五七卷　浙江巡撫採進本

清國朝姜中貞撰

中貞會稽人卷末有許尚質所作中貞小傳稱嘗遇紫清真人白玉蟾因得仙術盖妄人也是書闡明修煉之旨所註陰符經道德經各一卷參同契三卷黄庭經悟真篇各一卷爲書凡五故以得一參五名集陰符經道德經皆黄老之言無所謂丹法也自宋夏尚鼎始以陰符言内丹葛長庚又以道德經言内丹而宗旨大變中貞以陰符經所言九竅三要爲火候之訣道德經所言有物混成先天地生爲金丹之母盖因二家之書而衍之即在道家亦旁支别解而已

以上見四庫全書總目提要卷一百四十七

讀古紀源九卷山東巡撫採進本

清國朝何懋永撰

懋永字念修山陰人其書分為二編一曰三才緯略一曰六官綜制共分為九考皆鈔撮類書非根柢之學

以上見四庫全書総目提要卷一百三十九

政譜十二卷。浙江巡撫採進本

清國朝朱栗夷撰

栗夷字心菴，山陰人。是編摘録杜佑通典、馬端臨文獻通考及邱濬大學衍義補諸書，以類排纂，分十二門，雖以政譜為名，實則策略而已。篇首總名題曰象山岩新書，蓋其雜著中之一種也。

以上見四庫全書總目提要卷一百三十九

直木堂詩集七卷浙江巡撫採進本

國朝釋本晝撰

本晝字天岳號寒泉子居紹興平陽寺此集乃其晚年所著凡詩四百餘首其詩不作禪語絶無僧家蔬筍氣故李鄴嗣序曰非有人作序幾不知為曲彔座上人也餘姚黃宗羲稱其五律上入王孟之室次不落大復以下則似稍過矣

以上見四庫全書總目提要卷一百八十一

塞程別紀一卷　通行本

清國朝余寀撰

寀字同野，山陰人。其書記自京出古北口至喀爾倫一千五百餘里。其時道路初開，未能有所考證，僅述風土氣候山川草木之屬而已。

以上見四庫全書總目提要卷六十四

石室祕籙六卷　大學士英廉購進本

清國朝陳士鐸撰

士鐸字遠公，山陰人。是書託名岐伯所傳，張機、華佗等所發明，雷公所增補。凡分一百二十八法，議論詭異，所列之方多不經見。稱康熙丁卯遇岐伯諸人於京都，親受其法。前有岐伯序，自題中清殿下宏宣祕籙無上天大帝真君，又有張機序，自題廣蘊真人。方術家固多依託，然未有怪妄至此者，亦拙於作僞矣。

以上見四庫全書總目提要卷一百五

紹興縣志采訪稿

質園詩集三十二卷編修程晉芳家藏本

國朝商盤撰

盤號蒼雨又號寶意會稽人雍正庚戌進士官翰林院編修以養親乞外補改授同知終於元江府知府盤與錢塘厲鶚名價相埒才情富贍生平篇什甚多此集乃刪汰之餘尚三千首云

以上見四庫全書總目提要卷一百八十五

杭言在昔集一卷　江西巡撫採進本

國朝沈冰壺撰

冰壺字心玉，山陰人。是編皆咏古七言絶句，而多考證文史，與他家咏古評論事蹟得失者又别。嗚其學識頗爲拔俗，而有意示高，或流於誕。如論帝魏帝蜀一條，洞見宋人之癥結；論蘇氏父子之文自相矛盾一條，足關其口；論續通鑑綱目諸條，皆頗公允；論岳飛女銀瓶一條，極有根據；羊祜、周恭帝二條，亦頗有推闡。至於以司馬遷之先黄老後六經爲是，以王充論衡欲藉諸子正經之誤爲識在董仲舒上；以莊子、荀子爲兩大儒，以老子配論語，莊子配易，管子配書，離騷配詩，荀子配禮，史記配春秋，續爲沈氏六經；謂管子地員篇、班固地理志、伯仲禹貢，而周禮職方有愧色皆未免有意駭俗不爲定論其論劍俠傳之詩似矣不知劍俠傳本無是書乃明人鈔太平廣記二卷爲之其論元倉子爲影撰似矣不知爲王士元所補士元作孟浩然集序自言其明末最明頗爲失考又如 國朝詩人自王士禎朱彝尊田雯梁佩蘭宋琬諸人無一不肆詆排 國朝文人自黃宗羲毛奇齡汪琬姜宸英王源方苞諸人無一不遭指摘或加以醜詈至謂其不堪供唾且謂此外寥寥自鄶無譏其意欲於百餘年中以第一人自命尤放誕矣

以上見四庫全書總目提要卷一百八十五

樸庭詩稾十卷編修吳壽昌家藏本

國朝吳爚文撰

爚文字樸存一字樸庭會稽籍山陰人雍正中國子監生屢舉不第生平游歷一寄諸吟咏前四卷其友人嚴遂成所選後六卷則晚年所自訂也

以上見四庫全書總目提要卷一百八十五

賜書堂詩選八卷編修吳壽昌家藏本

國朝周長發撰

長發字蘭坡别號石帆會稽籍山陰人雍正甲辰進士選庶吉

士散館外補廣昌縣知縣又改樂清縣教諭乾隆丙辰　召

試博學鴻詞授檢討官至侍講學士後降補侍講長發詩才敏

捷操筆即成故富贍有餘而亦微傷於快平生所作計逾萬首

此集八卷蓋汰存十之一云

以上見四庫全書總目提要卷一百八十五

紹興縣志採訪稿

孟調王氏名星諴浙江山陰人幼有異才未冠補博士弟子旋以家貧遊河南北為書記咸豐己未來赴京兆試試畢病榜發中副車越日卒年二十有九其友李蒓客民部發其篋得殘草如千首手錄存之其全稿不可得或曰在大梁董氏顧不能致也余未識孟調因陳生珊士得交于蒓客耳孟調名讀其遺集想見其人恐日久散失為梓以傳於戲吳越之閒面斗負溟魁艾俊姝接趾多有其枕藏于巖壑而名汶汶者亦不知其凡幾孟調所傳雖僅此以視白雲幽幽蝯吟蟪弔者不以優乎吳縣潘祖蔭識以上見吳縣潘祖蔭刻越三子集

山陰陳生壽祺字珊士余丙辰分校禮闈所取士也生為人溫然粹然好學不倦尤擅詞賦彬彬乎文苑之選也乃以庶常改官刑部遂習法家言嘗手錄讞牘細書巨冊盈尺許明慎折獄克盡厥職余權刑部時生為屬官余甚嘉生有幹濟才矣歲在辛酉賊陷越州生有母家居聞報驚絕急乞假還百計奉母以來京師居五年既補官且列上考当得典郡遘疾遽隕不獲中壽故交僚友聞其卒也咸零涕嘅息以為天之厄斯人如是酷也生疾革時屬家事及遺稿於其友賈主政樹諴周給諫星譽賴友朋力俾遺孤奉喪母以還今年春賈君及查君丙章出遺稿屬余為梓之余既悲生之遇猶幸其文字僅有存者略書生行誼出處具右若工拙然否當世知者自有定論無俟贅焉同治己巳春吳縣潘祖蔭以上

紹興縣志採訪稿

見吳縣潘祖蔭刻越三子集纂喜堂詩稿

亢藝堂集後序

庚午之萅余友李悉伯農部示余亢藝堂集六卷會稽孫君蓮士作也于辟萬灌鎔為寸兵朝薙夕芟鬱此修榦君甫弱冠譽雋於黌逮貢入都聲最京邑三獻韞璞一官抵蓑已而王粲從軍郗超入幙識如佐治老得參軍才侶宣城長為記室娵隅之躍窮猨之投竊自傷已洎夫攜家滬瀆作客榕城以避亂之管甯為悼亡之潘岳以唐衢之痛哭（見集中贈唐秀才詩）為莊舃之謳吟子巂無家黃鵠失路又自悲已然而詩滿弓衣墨磨盾鼻短衣匹馬作戎壯游樅陽盛唐（君嘗從軍皖中）振其奇響凡夫滄河夜雨邗水秋雲莫不唱樂府於黃麈續鐃歌於朱鷺以至高樓暝色羅幕西風花間古香酒邊逸句則又以屈子荃蘅之意寫杜陵稷契之懷焉乃若飛聊城之書

艸孔璋之檄昌黎大筆陳淮西事宜杜牧罪言論山東藩鎮諸侯爭迎枚叔　九重知有馬周是亦詩人之遭際矣而盛年徂謝不究其才悲夫農部以元伯之石交訂陳思之遺集將以白諸達者付之通都則是編也且与西崑之艸纂喜之詞俱千古也余既為君慰行自幸也山陰沈寶森譔　以上見吴縣潘祖蔭刻越三子集

會稽孫君蓮士予學正同年友也天才藻麗踔絶時輩自計偕入都華文百軸聲名隱然一日都滿時與予兄弟等刻燭賭詩命酒顧曲風雪策騎鶯花挈榼或題詩僧舍或訪碑荒冢君意氣跌蕩千人蔽映每發豪興輒亟絶倒旋以高選分教六館摹石鼓侍圜橋篇什流播生徒習誦咸以溫助教儗之至癸丑歲君以試中書被格迺請改校官以歸遂不相見并絶書問頃聞君連艱大憂家業樧落參皖帥軍事不得意又為浙撫辟掌書記被彈落職牽連對簿子荊長揖積忤于老兵盧志耽吟藉傳其幽憤予為心惡之而杭城繼陷聞君挈家浮海入粤歷羊城客端溪郝隆蠻語倩以娛偶禰生賦才豔於鸚母蓋歷三四年始返其里未幾而訃亟矣君夙負異稟文章典瓌尤宜臺閣其先世顯於有明忠烈清簡名

德冠代宰輔八坐踵接系興科第官仕罔不悉具而獨未有龍首以為闕事啟禎之世嘗以期忠襄公卒亦不售君雅以此自負人亦爭推之而沈滯乙科邕𨳚宂吏魯公忠節莫驗夫顏標杜氏文明竟衰於季雅命之不偶蓋有數焉詩文組琢務極葩豔尤工塡詞刻意宮商不自愛蓄经亂家佚其子星華能讀父書晉拾奇零都為一帙今秊暮李悉伯入都持以眎予予以君詩詞尤可傳再屬悉伯審擇而付之梓烏虖羽存片光腹痛三步阿鶩之嫁感槩乎戲言敬禮之文遂定於身後殺青既竟愴然識之吴潘祖蔭以上見吴縣潘祖蔭刻鉞三子集

司馬氏慶系譜

重修譜系述言

司馬氏宗譜自先開國伯雕板後年遠失傳今所藏惟鈔本

雍正元年癸卯灝文在史館呈於

太傅遂寧張公乞序公曰涑水名德遠貽世緒弗容缺子宜

亟付諸梓是秋奉

命揀選山西視太谷邑篆吏事塡委未暇也閱六年　本道孟公

總藩蔣公僉稱掾守清潔辦事練達

大中丞覺羅石公以才守兼優

題薦至京於

乾清門引

見奏履歷畢

上曰爾姓獨異朕嘗記得

天顏喜悦即奉

俞旨授沁州牧既至沁時和歲豐民物熙皞普沾

聖化之翔洽吏惟實力宣揚

聖恩伏念臣世守詩書家傳清白其得姓自周程伯休父今蒙

聖天子記注姓氏誠千載不可逢嘉會由是司馬公益顯著臣之

先人並荷

寵榮及於世世則譜之修宜及斯時也爰召工於上黨刻垂竣灝

文乃盥沐稽首竊敢自述其意曰恭惟吾宗本上古重黎氏

神靈之胄南正重司天實吾祖史記晉書可徵也唐虞周漢

以來世次不能悉溯龍門太史公本錯涑水文正公本晉安

平獻王安平本卭王之裔孫征東大將軍居安邑之夏縣世次亦無可稽舊碑荒塚摹拂歔慕而已至天章公散鉅萬家貲於宗黨躬耕讀書中進士起家篤生文正公理學配享孔廟勳業旋轉乾坤益大其家按譜始於文正曾祖太保公太保六世孫左承議郎材所撰考龍門既別派今茲宗譜冠以涑水司馬氏豈不信然嗣此七世開國伯伋八世溫州公述十六世廸功郎庠皆修譜夫自開國伯隨宋南遷晉越相隔山右夏縣祠墓藉守土之官培護杏樹生於斷碑之隙如亭覆翼虞山錢宗伯書溫公神道碑後紀其事迄明嘉靖間余六世祖僉憲公至夏掃墓置祭田修家譜又命其孫解元晰攜眷歸故里今一支在夏屾乃絕續之一大機會也無何僉

紹興縣志採訪稿

憲四世而衰譜又廢闕鈔本遺自明季時字雖草草用心頗苦先大夫鄭重什襲灝文寄籍天津先太宜人又載之而北嗚呼先人之所以加意於譜者至矣而其篤於延師教子餼必豐脩脯必厚惟期讀書紹述宗譜爲拳拳今幸蒙庥忝科甲由詞臣歷外任則有事於修譜祇兢兢勉承先志敢謂能續僉憲之緒餘哉頃自太保公之子四祖相傳後嗣繁盛至十五世祖而僅存三祖富平公一派宗支漸微已迨閑國伯生十一子著族會稽又惟二子三子之後餘亦不可考僉憲支閑國二子後也今以僉憲爲起世系蘇老泉所云詳吾之所自出也庶不致與宗支之或絶或無考者同其散軼焉耳又如祭酒御史賢而有聞後雖未備特詳其本系列於圖

夫作譜所以收族也今則在會在夏族丁皆寥寥況於蜀豫
貴陽廣右之跡且遠乎承祧莫重於大宗而其前長嫡多絶
惟當於僉憲支立大宗俟再爲酌定韓魏公曰夫惟墳墓祠
堂之有託故以子孫嗣續弗絶爲重至哉斯言竊念墳所以
安先人之體魄祠所以奉先人之蒸嘗也吾祖文正公墓在
夏縣之晁村鳴條崗其祠堂神道忠清粹德碑樓於雍正五
年丁未　夏縣賢父母許公諱日熾以名進士表章道學請
於　壇道朱公諱一鳳　分司王公諱又樸共捐俸重修委
姪優行生員　衍監工　灝文　亦勷其事浙之山陰亭山爲開國
伯　賜葬塋地朱家嶴爲本支平陰公墓皆多附葬項里蕭
家灣爲御史公墓華表豐碑後被盜葬訟於賢太守俞公諱

卿斷遷邇年族貧祭掃無產每慮侵削僉憲所謂以邱隴與
他人者萬世大罪人也其餘祖墓之載在譜者並荒遠無踪
茫茫松楸痛念在心矣山陰文正公祠前明時　勅建今邀
大典春秋府祭其楝宇年久圮損亦須修葺盖譜以紀奕代字諱
官爵先靈式憑又墳墓祠堂之统要斯修譜所爲重也灝文
崇
兩朝聖恩先臣之所以教
君親大義不敢忘譜系先緒謹加編次闕無可補疑則附辯自太
保至二十世則仍其舊自僉憲先　贈翰林　公至灝文孫輩
則從其新務使世序井然庶幾仰承祖德緜遠昌大此則修
譜之意也夫至於發凡起例僉憲之序備矣而所云遠皆有

得近無失遺者山左魚臺縣馬姓千餘人亦稱温公後或因
避黨人之禍去司存馬署上高令漢英其著名者也未及附
載且當時修譜距今將二百年即近宗亦多闕失繼今後惟
當續而罔替用以尊祖收族詎謂後之子孫可墨守成册哉
再攷宋代錫謚者文正爲元祐名相兄梁國文忠公從孫尚
書忠潔公皆炳彪天壤而名在國史者亦居多若夫
聖朝勅命及前代告身並銘傳碑記家訓諸文俟續刻於後俱確
有淵源實德非同鋪張揚厲誇大其門第可以質諸
大人君子焉
雍正七年歲在己酉五月吉旦
賜進士出身奉直大夫知山西沁州事隨帶加一級紀錄二次前

太谷縣知縣三署徐溝縣篆甲辰丙午兩科同考試官翰林

院庶吉士

勅封徵仕郎二十四世孫灝文識於沁陽公署以上見涑水司馬氏慶系譜

[illegible]氏[illegible]譜

序

海內之稱世家閥閱者其先勳多爵秩各有淵源所自獨司
馬溫國文正公則以積陰德於子孫一語垂為家訓而士大
夫亦莫不奉作箴銘為修身裕後之良規此與大易積善餘
慶實相表裏也余昔撫浙知公子姓南遷祠堂在紹郡之山
陰歲春秋邀
大典祭享俎豆芬芳後裔皆讀書謹慤不愧儒門及余晉戶吏
兩座恭逢
聖祖仁皇帝萬壽特恩開科主順天鄉試
寶曆辛丑主會試公之裔孫灝文惺齋氏俱於是兩科獲雋為
庶常余詢之承文公二十一世矣癸卯

今天子登極元年余忝綸扉休沐時來謁復備陳先世本山右夏縣晉越相隔竊恐宗支踈散乃出所藏家譜鈔本欲付剞劂而問序焉余受覽之譜宗文正曾祖太保公蘇文忠草制所謂古之君子積德數百年之前而收效数百年之後是也益自唐五代之季衰而復振涑水相業獨擅其盛而龍門為千古文章之宗師又晉安平王稱魏貞士大節凜然遠而始於南正司天為句芒之神至周程伯休父官司馬賜姓世典周史子今遭逢

聖世績是太史之職矣勗哉弗怠載攷明代祭酒恂如公御史恩菴公僉臬菲泉公俱有聲名僉臬子巴陵大令太僕少卿孫仁化令及解元君科名相繼清白傳家嗚呼何其盛也僉

梟至夏掃墓修譜遠稽近攷志在收族子績其事必有克體前人之志者夫黃河之水發源崑崙雖支分派別而其源一也司馬氏自涑水歷數十代世世序不失謂之慶系豈非陰德之久而彌彰者哉今在越在夏皆奉文正祠子孫世世罔替按譜以五世起系週而復始詩曰無念爾祖聿修厥德作之者不徒作述之者不徒述子益勉承家訓上報
國恩厥後昌熾緜長余於是譜卜之矣
雍正元年歲在癸卯二月
太子太傅文華殿大學士兼吏部尚書加一級遂寧張鵬翮撰以上見涑水司馬氏慶系譜

劉忠介先生年譜叙

乾隆乙未冬天子下詔褒忠凡前明殉節諸臣毋論出處大小自大學士范景文而下並彚其始末分别專謚通謚贈卹有差其遺書軼事咸命儒臣較讐是正登之秘府惶惶　鉅典三代以還未之有也於是前撫寧縣知劉君毓德以其事祖王父念台先生謚忠介公年譜二卷較刻行世按先生全集二十四卷舊已刊行惟年譜草藁成于先生之子伯繩閱世既久子孫家自為書詳略異同未能畫一而南都奏議為伯繩本所未採録其於勝國源委頗有缺遺君並考核始終區分綱目著為定譜而而問序於余余惟譜歷之學倣於周官所以奠索系屬分經緯太史公集尚書世紀為三代世表其遺法也魏晉以還家譜圖牒與述狀傳志相為經

緯蓋亦史部支流用備一家之書而已宋人崇尚家學程朱弟子次序師說每用生年月以爲經緯而前代文人若韓柳李杜君諸家一時皆爲之譜于是即人爲譜而儒雜二家之言往往見之譜牒矣孟子曰頌其詩讀其書不知其人可乎以譜證人則必閱乎一代風聲而後可以爲譜蓋學者能讀前人之書不能設身處境而論前人之得失則其說未易得當也好古之士譜次前代文人歲月將以考鏡文程得失用功先後而已儒家弟子譜其師說所以驗其進德始終學問變化然而知者窺其全書按其端末或其事易竟則譜之所係猶未重也惟先生之學與先生之行則不可以不譜蓋先生之學在良知誠意絕續之交而先生之行則先歷清流後遭易代爲常變並涉之境惟學在絕續之交故自西湖會

語證人社約達乎誠意章句大學參疑之訂可以考其始業之勤中信之篤晚得之化而非恍惚虛無自託良知宗旨所可希幾惟其形在常變並涉之境故發端正字淑心之疏其後至于忤奄寺中憲綱再起再蹶至於身殉國變可以見其先識之遠愛君之忠臨大節之正而不可以奪蓋其學之本末行之終始天啟崇禎間之風俗人心與東南鼎革間之時事得失皆於先生之譜可以推見其餘先生故以人譜教學者又即先生之譜可以想見其人故曰以譜證人必有關於一代風聲而後可以作譜特是義熙甲子之書孫儼嘿記之作忌諱文深而事蹟或多未顯自古患之惟聖天子邁蹤古聖表章勝國忠臣扶植名教凡前明忠孝大節蠹簡遺編莫不覈定是非隸之杜（桂）下斯（識）城千載一時不可逢之嘉會而

劉君適逢其盛用能闡揚先人懿美刻爲成書布之學者豈特吾鄉人之光抑亦學古而求論世者所深幸也見章學誠實齋文集卷六

家淑集制藝跋 族曾祖稚威徵君著 代 丁亥

右文若干首口口既刻餘映錄之明年族姪水笙得于先族祖稚威徵君之三世孫晋顏曰家淑集目凡三十文佚其二爲家藏稿本悉過評點間有竄易處書法蒼古或曰是先族祖手蹟不可知出於炱燂不少闕蝕水笙校寫付梓工未竣捐館舍事遂寖輟口口竊維先族祖制義載於家乘藝文志者曰血餘集餘映錄家淑集凡三種餘映錄舊有雕本血餘等集迄未得見亦罕有知者今是編越百餘年始出不幸水笙死又厄其傳口口恐斯文仍就湮沒且悲水笙不獲覩其成爰趣手民蹱蕆之暨長子道南覆校一過淮别之譌誤水笙讎正者什得七八尚有未安概從闕疑書成附於餘映錄亦水笙志也其文視餘映錄易解悦所謂清奇濃淡

無所不可者讀者自能辨不勞贅云光緒十三年十一月上澣族
孫口口謹識見清山陰胡道南愧廬詩文鈔

山陰張陶庵岱瑯嬛文集

陶庵爲文恭曾孫生長華膴少年頗事聲伎選舞徵歌國變後肥遯流離著書以老所纂凡二十八種有明於越三不朽圖贊尚有傳本石匱書爲谷應泰借刻易名明朝紀事本末曾憶刻入硯雲甲編及粤雅堂叢書史闕有鄭柳門佶重栞本而文集爲王白嶽雨謙選定釐十之七未開雕乾隆中歸余浣公侍御縉大觀樓王蘭上惠攜之入黔道光戊戌其子个峰上舍介臣校録蘭上分爲六卷光緒丙子始授梓人黎文肅公叙謂其奧衍瑰奇鄭柴翁珍謂精渾勝歸唐何論二十四家个峰謂天池以奇警勝先生以雄渾勝譽之似過即祁雪瓢原叙云選題選意選句選字不輕易下筆櫻桃館闕編何能過之白嶽叙爲不主一家而別成家亦非定

評蓋猶是陸忠烈王謔庵倪文貞一流文字固文藝家法也

見清山陰平步青國朝文棷題辭

會稽蔣雲壑嶟斯友堂集

雲壑爲趙壁雲倒（倫）弟子棄諸生隱居南塘僅順治丁酉一歸省闈與倪穗先陳介立各著史論以見志人不下百十篇與姚曾師許又文爲文字交康熙壬戌著作燬於管川存者皆晚歲酬應之作文學西漢意在以質救靡蓋聞幾社之風而起者國初吾越文人大半出陳忠裕門故流派如此雖擬議未純要以古學相砥礪非枯槁石隱者流也粵逆亂後越中先哲別集甚稀同治辛未八世孫志杰重刻皓城同年黃鞠人轉讓南歸持以相贈後有甄録越文者當在所取焉

見清山滙平步青國朝文棷題辭

紹興縣志采訪稿

會稽孟次徵遠集。

監州爲子塞廣文仲子步與張用賓駱叔桓姜武孫爲越郡四才子而九試棘闈不第考職州判亦未銓授實缺以視用賓早貢於兵詩文皆不傳似爲勝之較叔桓武孫則所遇不同矣文長於持論近蘇文忠公而叙事頗得龍門神理全集不可得所見者傭庵北游集一册傭庵一册二者皆其子目無一記叙之文非完帙也

見清山陰平步青國朝文棷題辭

紹興縣志採訪稿

紹興縣志採訪稿

山陰胡稺威天游石笥山房文集

實齋文略與胡雒君論校胡稺威集第一書云阮學使命栞不知其後何以不果此為徵君五世從孫博平知縣秋湖學醇刻亥豕滿紙讀者憾焉咸豐初秋湖子冠山重栞於淮上補遺三卷增多十九篇余向聞杜尺莊丈有手校本擬栞集外文頗廣惜未梓行辛酉燬於逆燄據章氏書云甲序癸賦徵君手定第二書云往在都門曾見沈徵君詩義序及杭氏續方言序送馬力畚序禹穴記四篇今本無梅史徵君沈氏詩經醒八箋序本書今尚有傳本卷首亦無之又云與周內翰論洪範書本韻二序禹穴記與朱羅二孝廉書又云騈體與散行夾雜不分而以三洞瓊華一序冠首尤不可訓今本先賦後序與章所言大異豈秋湖更定耶詞科掌錄

云任御史趙總兵兩墓志皆天下奇作今亦無之則諸軼文或爲杜本所有者不知若干可勝喟哉然徵君嘗言古今人皆死惟能文章者不死若徵君者固未死也文之多寡又何足計之有

見清山陰平步青國朝文棷題辭

會稽茹三樵敦和竹香齋古文

先生以循吏掩其經學所著易學十書脉胎西河而自闢門牖今已無偁述者古文更無論矣然取法歐陽上溯龍門精光迸露不可逼視似亦探源河右余幼即酷好之平生散體文肆力於是者爲最早學之三十年乃彌不隸吁可恨也

見清山陰平步青國朝文棷題辭

紹興縣志採訪稿

湖海交游館詩鈔序

自古畸人志士磅礴鬱積於中必有所發發而事業而文章均也然兼斯二者古今不數數焉吾友雪盟湏子恢奇負氣不欲僅以文藝鳴嘗曰揚馬無經濟蕭曹無文章偏才耳君以宦裔貧甚不問生産復不好舉子業時人皆嗤笑以爲若且不免爲溝中瘠而亦云云耶予家蘭亭東僻處無友君或訪予於山中風雪行數十里寒但煨酒縱論當世人材學術及史事成敗得失之故至肯綮處雪盟必奮袂起舞高呼狂叫類病狂中風者然予笑曰君君家同甫流也雪盟默不語微哂而已間出所作雜文示予時露奇氣尤喜爲歌詩稿存頗夥今年冬將有維揚之行篋中得若干首見示奇情横溢不可繩以格律而胸次閒鬱勃難言之隱亦時露

於言外讀其詩如見漢唐以來嶔崎歷落一流人物是豈偶然者耶揚州夙稱佳麗形勝之奇甲天下四方方聞綴學瓌偉非常之士雲集斯行也覽觀山川都會之勝風俗之美考政治之得失與一時賢士大夫游吾知經濟文章必有進而日上者區區詩歌之末又烏足為雪盟異也於其行序以送之

雪盟與杜尺莊先生世姻也函以是序質正先生曰雖未脫玄蹊徑然行間洗盡塵俗氣少作如是非凡村也予與先生同里而終未一面因錄此以志知己之感云自記

見清會稽賈樹誠賓比部遺集

同年生賈比部琴巖下世之明年予以其子東麓之請爲箸家傳已而求其遺書迺得手稾古今體詩雜文取校予昔年都下所錄文字小有異同葢後定本也稍詮次爲二卷增多吳君傳一篇梓而傳之客以比部平生箸著侈富劣存茲數不足成集爲惜者予謂昌黎誌樊紹述言其詞必已出海含地負綜所作文戢詩凡一千三百三十多矣哉古未嘗有今世所偁樊文祇緜州越王樓詩序絳守居園池記躍艱至不可句讀餘悉泯滅而孫可之自編所箸僅三十五篇箸錄史志流傳完善無一亡佚詩文之傳否詎繫乎多寡也哉或又謂近世治古文家厥有二涂講義法者偁述惜抱自命正宗懲丁部之敝思以經史諸子起之者則又睥睨八家毋論當代而子所箸傳言學乃庭播之宇內滋益嗤點無乃非所

以傳之鄉予曰荀卿儒効言法後王有明文統咸以歸熙甫上禰歐陽而南雷獨主潛谿宋氏文家得力來者難評高下在心蒙所未喻不敢詭爲高眇之論罔故人於地下也

光緒建元之歲旃蒙大淵獻斗指常羊之維山陰平步青敘

見清會稽賈樹諴賈比部遺集

、傳芷人詩草序

丁巳春芷人有山右之行予與趙竺鄉餞之都門竺鄉賦詩爲別越二歲芷人來自豫出示紀游草數卷而屬爲之序夫詩至唐而極盛至我

朝而大備千百年角奇爭勝詩之境界盡矣剽襲者無論即豪傑之士卓然自奮其才力而精思奇句皆古人所已有才人晚出有智勇俱困者然且作者代興而風雅之道卒不聞其倣焉者何也詩本性情而悲歡欣戚之故紛紜雜糅而迫之不得不言當其縱心一往牢籠萬有神馳鬼驅非我能主尚何古人之詩之蔕芥哉眉目口耳相去不能以咫而人之面無一同翦綵焉不可以貌數人詩文亦若是而已矣明七子之徒乃舍其自有之詩力摹唐賢

紹興縣志採訪稿

愈似而愈失其眞以彼其才而卒甘爲古人之私豈不重可惜與芷人弱冠舉於鄉困公車者十年家貧老母在堂無以爲養奔走燕趙晉衛之郊橐筆事人累易其地而志不得風沙硍磧顛頓驚眩甚且僨轅斷足偃卧荒店中瀕死者數而卒以無悔行役覽觀適觸其牢愁激壯之氣故其爲詩雄以宕淒厲以清悲喜無端莫可究詰不求合於古而亦無乖忤嗚呼芷人負才而所遇若此何怪其健於詩也方芷人之仆車也道出澠池予聞之而未詳比書來已杖而能行今年無恙矣豈以才氣奔放將恃其逸足不可遏抑姑藉是以警之與芷人年壯行得志於有司他日雍容賡唱必有與境俱變者予終樂觀其成而思贅一言焉質之芷鄉且以爲何如也 見清會稽賈樹諴賈比部遺集

吴少雲詩序

辛酉壬戌間寇氛徧吴越上海以彈丸地藉外夷力獨存四方避難麕至鬱為東南巨鎮客秋九月予急假出都時鄉里大亂阻海上不得歸竊意閭閻流寓必有如古詩人之哀時傷亂身隱而名彌彰者久之得吴子少雲恂恂奇雅人也尊甫雲留司馬以詩名越中遺集若干卷君髫齡即解吟詠仰承家志盡棄世俗之學而專力於詩宅傍湖山有池臺花木之勝自其尊甫力振風雅君之昆季閨房娣姒間皆能為韻語當是時寇蹤全楚陷金陵蔓延於大江南北而吾越無犬吠之驚君從容吟嘯徜徉於谿山秀絶之間悱惻芬芳馨烈彌著方其少時既有然矣洎乎烽烟日逼蒼黃出走牢愁鬱勃之氣慷慨悲歌不能自止駸駸乎有古人之風焉

而君之詩一變今者

王師乘破竹之勢掃蕩羣醜浙東底定君重返故居田廬無恙向之感憤無聊者必且暢然以舒寬然以和而君之詩又一變昔人以詩文之奇多得於名山大川吾則謂不幸而身經亂離困厄其心志激發其才氣磨礲振奮有百倍於江山之助者而況乎出險履夷其胸襟氣象又當何如也君殆自此遠矣見清會稽賈樹誠實甫比部遺集

補勤詩草序

予與晝鄉生同歲，同補諸生，復同舉於鄉。予家舊在山中，距晝鄉居數十里。晝鄉常侍其尊人倣齋先生於昌化學舍，癸卯以前猶未識晝鄉，頗有誦其配勞安人之詩者，獨不及晝鄉。庚戌春，與晝鄉北上，予病瘧留滯京師，晝鄉旋别去。是時同年生余紹唐免鄉、孫廷璋蓮士、陳壽祺珊士，年少負異稟，詩詞敏絶，稍稍聞於都下，而晝鄉之詩未見。自後南北往來，歲或不得旬月聚，亦未暇一叩其所作。戊午、己未間，與晝鄉居京邸最久，晝鄉意氣激昂，奮發憂時，感事一寓於詩，予讀而奇之，叩其少作，則大半芟薙矣。壬戌之秋，予急假至上海，時江浙郡縣淪陷殆盡，上海一隅地，華夷雜遝，外逼強寇，晝鄉方奉大帥檄贊晝兵事，僚吏將校自〔白〕事者錯迕紛雜或見星未已予意其不暇爲詩畫卿則出其新詩及樂府數十章直抒時事與白傅秦中吟伯仲予既才畫卿而歎其餘事作詩不求工而自無不工也既而畫卿從大帥轉戰齊豫間崎嶇戎馬數以詩抵予前後累百十篇索和及序予益讀而奇之戊辰冬畫卿入都則詩已裒然成集索序益急予不工詩而卒無以謝也獨念免卿早逝蓮士珊士亦無年珊士臨歿以遺稾屬予與周君叔雲今叔雲校定得詞二卷詩僅一卷目蓮士之詩不知其存者有幾纔自今兩邑同舉之士之豪於詩者獨畫卿目畫卿負懷異行將出典大邦早早有成就其詩必益奇予尚欲爲老友泚筆書之

見清會稽賈樹誠賓比部遺集

補勤詩序　補勤詩存凡二十四卷　山陰陳錦晝卿著

昌黎有言張旭爲草書不治他伎喜怒窘窮憂悲愉佚怨恨思慕不平有動于心必于草書乎發之於物見山水陵谷鳥獸蟲魚草木之花實龍蛇之屈伸列星風雨水火雷霆霹靂歌舞戰鬭天地事物之變可喜可愕一寓于書故其書變動猶鬼神不可端倪以是終其身而名後世是說也予嘗疑之得補勤詩而始信補勤少擅文譽冠時彥猶斷斷一經生嘗爲予述庭訓方且戒高官志著述以自命無用也世意旋與予同鄉舉遊京師見夫泰山之所以高江河之所以深當世士大夫之所以得失治亂於百十年之間者默證其平居擬議而若有所得會中原亂作仕宦殉國事史不絕書一命之士退若勿勝而補勤獨毅然以世事爲己任其忠義

奮發之氣激昂建拔之心動於至情不能自已當夫樞今抗古徹夜雄談拍案叫呼繼之以泣精悍之色見于眉端向其与模稜遠害偷安苟榮之徒志趣已相懸萬萬矣論者鮮不謂同人之出而救時已亂卓然有声者必首推補勤而補勤方以親老隱硯田凡七年授徒數百朝講幄而夕寢門布衣徒步于一編躬甘旨娛養極人所難能不遽言仕惟一旦急人之急有不啻水之就下火之然脂飢渴之於飲食商賈之於貨利者急起從之而不暇自量其才与力焉已而亂及吾土補勤走海隅自甬航滬滬亦告警乃參李肅毅臨淮軍贊畫奇中一其食而事什之歲遷其秩者再予時陷賊中得補勤書慨然以禍福往躍其門如市因親見補勤之性情行事無一不寔其向之所言而廣乎其得志焉補勤則欿然不

自多若以挾持之初不在是而吁感隨之出其所為東南壬甲詩一卷指謂予曰畢生精力當在是而惜未盡欲言耳予不之信且意其餘事將不暇為詩也施未竟謬以他事去官補勤轉怡然受之急閑閬痛吟一傾吐其中之所有經歲所作富于十年率皆魁梧廉悍沈鬱淋漓極文章之能事而有得于昌黎所謂雷霆霹靂歌舞戰鬭者明年佐萬人軍渡海平北撿雜健兒短後抱一卷於驚濤怒馬間幾死者數而詩益大奇三年積卷二十以奏凱功隨上將入覲質都下諸名公侯王上下其議論而補勤之詩乃敢以之自豪名一家而公同好其中名物事功之大志節行誼之深檃括淵富寄託高遐固已極倜儻而進于神明致精微而返于雄渾麗而則肆而醇以云學養則幾矣既筮仕之濟南宏奬風流傾動

肇雖有人望其治事也非不闊達沈毅而甯靜致遠既和且平所造亦与詩而俱粹猶憶補勤預言他日能序是詩者必予与琴岩予亦樂道補勤之所以為詩而有存乎詩之先者非敢自命知詩如琴岩也抑又聞之物不得其平則鳴以鳥鳴春〻不在鳥以蟲鳴秋〻亦不在蟲天或將以其詩鳴補勤乎補勤則又不在詩矣請試起昌黎而向之同治十年辛未夏年家弟章傳墀謹識

見橘蔭軒全集

漢孳室文鈔跋

右漢孳室文鈔四卷補遺一卷會稽陶君子縝著文八十首大都證明義訓拾補遺藝裒古而不觭虛詞于實事求是之家法執持甚嚴其序爾雅漢學證義也言吾亦一于漢代師說而已為左海經辨跋又言僻耆孫陽湖王高郵及陳氏之書夫三氏固學林職志也循覽遺文綜核自述志趣章矣道光季年君宗姓在一思曾先生以鄭學声于時著論語鄭注證義孝經鄭注證義春秋左傳賈服注參攷詩攷攷書疑〻說文引經異同攷玉篇太平御覽引經攷城门制度五千卷書室詩文稾諸書其論語證義春秋參攷阮文達公偁謂精審詳博非老宿不能見陶君心雲濬宣所撰君族兄在一先生事畧賡其學師事李炁伯慈銘先生畢命鉛槧補所未及為周易鄭注

疏證後就鄭氏遺箸捜拾故言仿爾雅爲次之爲鄭雅生平好許叔重書以類治釋文爲通釋十二篇漢學室讀說文記與嚴鐵橋相出入又因說文而推知許君淮南間詁多淪亂於涿郡擬蘇魏公言左以說文及羣籍所采剖泮而疏通之定間詁二十一卷爲許注異同詁四卷補遺一卷續補一卷說文補詁八卷存疑四卷其箸録宋藏二本博毋舊說理而董之別爲參正二十四卷莊本校勘記六卷舊音一卷于南閣一家之學蔑以加矣夫當代學術非許鄭不宗而君與在一先生兩闡之撰述裒然輩江南北諸仟詎獨一鄉一姓華哉君于許鄭之餘覃心小學則有爾雅漢學證義商周金文斠秦漢石文斠一切經音義華嚴經音義輔行記校勘記玉篇校本汗簡校正呂覽古讀攷公羊異文攷之作演贊六藝

則有魯詩故訓纂公羊春秋集釋大戴礼補詁今文尚書集說韓詩遺說補之作其裒輯佚書如倉頡篇埤倉廣倉字林字學声類桂苑珠叢賈逵国語注謚法刘熙注古易義西漢易義後漢晋魏易義侯果何妥崔憬三家易徐邈周易音蕭廣濟孝子傳則偹帋所至援取古籍以振先師之遺者也讀子札記讀史札記湘軺筆録漢庐駢文湘麋閣集蘭當詞則君之隨筆与駢文詩詞也是編攷定經說惟載古文于君之學猶海一蠡水一勺未盡也然本末亦畧具矣君于陽湖諸君子其學術章合異同世自有識之者若求諸吾郡則固与在一先生如類有輔軒然二難矣光绪二十年夏六月同邑徐友蘭識

寄龕遺詩

寄龕孫先生名德祖字彥卿會稽人以舉人大挑用教職由長興縣教諭保升知縣選山西右玉縣不赴改授淳安縣教諭劬學善文淡於榮進著有寄龕文存四卷寄龕詩質十二卷寄龕詞問六卷寄龕甲志乙志丙志丁志各四卷學齋庸訓一卷題楹副墨二卷孫氏墓田記一卷長興文牘一卷以光緒三十四年三月卒於家詩古近体皆工茲擇其有關吾越文獻者刊登數章以餍世之知先生者

清宣統二年二月初三日紹興公報